講談社選書メチエ

723

アガンベン《ホモ・サケル》の思想

上村忠男

MÉTIER

まえがき

ミシェル・フーコー（一九二六—八四年）、ジル・ドゥルーズ（一九二五—九五年）、ジャック・デリダ（一九三〇—二〇〇四年）といったフランス現代思想の牽引者たちがあいついで世を去って久しい現在、世界の思想界では、それに代わって、アントニオ・ネグリ（一九三三年生）、ジョルジョ・アガンベン（一九四二年生）、マッシモ・カッチャーリ（一九四四年生）を筆頭に、イタリアの哲学者たちが一躍脚光を浴びるようになった。

なかでも注目に値するのは、アガンベンが一九九五年から二〇一五年まで二〇年間にわたって推進してきた全九巻からなる《ホモ・サケル》プロジェクトだろう。

Ⅰ　『ホモ・サケル——主権的権力と剝き出しの生』（一九九五年）
Ⅱ-1『例外状態』（二〇〇三年）
2『スタシス——政治的パラダイムとしての内戦』（二〇一五年）
3『言語活動の秘跡——誓言の考古学』（二〇〇八年）
4『王国と栄光——経済と統治の神学的系譜学のために』（二〇〇七年）
5『オプス・デイ——任務の考古学』（二〇一二年）

Ⅲ　『アウシュヴィッツの残りのもの――アルシーヴと証人』（一九九八年）
Ⅳ－1　『いと高き貧しさ』（二〇一一年）
　2　『身体の使用』（二〇一四年）

出発点をなしているのは、フーコーが『性の歴史』の第Ⅰ部『知への意志』（一九七六年）において「生政治（biopolitique）」と名づけて解明に着手した政治のありようだった。

アリストテレスの『政治学』を生んだ古典古代のギリシアでは、すべての生物的存在に共通の「生きている」という一般的事実を表現する「ゾーエー（zōē）」と、あれこれの個体や集団に特有の「生の形式」を指す「ビオス（bios）」とのあいだには、明確な区別があった。そして、人間に特有のビオスが営まれる場がポリスにほかならなかった。ところが、近代においては、ゾーエーがポリスの領域に侵入してくる。というより、政治はゾーエー、すなわち人々の生物学的な意味における生そのものの管理をみずからの統治行為の中心に置くようになる。そのようにして人々の生物学的な意味における生、あるいは「生きているということ」そのものをみずからの統治行為の中心に置くようになった政治――これをフーコーは「生政治」と名づけた。そして、その解明に着手したのだが、この「生政治」のありようを解明することがアガンベンにとってもまた主題であるようなのだ。そのかぎりにおいて、アガンベンのプロジェクトはフーコーが着手しながら完遂することなく他界してしまった「生政治」をめぐる考察を受け継いで完遂しようとしたものであると、ひとまずは受けとめることができる。

ただ、フーコー自身は「生政治」を近代に特有の新しい政治の形態と見ていた。そして、この新しい政治のありようを捉えるには法制度的モデル（主権の定義や国家の理論）にもとづく伝統的アプローチは無効であるとして、それらの伝統的アプローチを全面的に放棄したところで、権力が臣民たちの身体と彼らの生物学的な意味における生の営みの内部に侵入していく具体的な様態についての個別的かつ微視的な分析に入っていこうとした。

それにたいして、アガンベンはむしろ、権力の法制度的モデルと生政治的モデルのあいだには隠された交点が存在することに注意を促す。それも、およそ政治的権力なるものが古代ギリシア・ローマの世界に登場した、そもそものはじめからである。そして、権力の法制度的モデルと生政治的モデルのあいだに古来存在してきたと目されるこの隠された交点の所在を突きとめようとするにあたって、ローマの古法に登場する「ホモ・サケル（homo sacer）」なる存在に着目する。

記録に残っているところによると、親に危害を加えたり、境界石を掘り起こしたり、客人に不正を働いたりした者を処罰しようとするさい、その者のことを古代のローマ人は「ホモ・サケル」——「聖なる人間」——と呼んでいたという。ただし、処罰するといっても、この場合には、法律が適用されるわけではない。法律が適用されるのではなく、単純に法律の適用から外されるのだ。「聖なる人間」と呼ばれるのは、この事情によっている。すなわち、世俗の法秩序の外にある存在という意味で、そう呼ばれたのである。ひいては、この者にかんしては、だれもが法律上の殺人罪に問われることなく殺害することができるとされた。しかも、まさしく聖なる存在としてそれ自体がもともと神々と同類とみなされるため、この者は祭儀上の手順を踏んで神々に犠牲として供されることもできなかった。

この殺害可能かつ犠牲化不可能なホモ・サケルなる存在が置かれていたような、裸のままで法的保護の外に投げ出された生のありようを指して、アガンベンは、ヴァルター・ベンヤミン（一八九二―一九四〇年）が「暴力批判論」（一九二一年）のなかで用いている“das bloße Leben”という言いまわしから採ってきて、“la nuda vita”――「剝き出しの生」――と呼ぶ。とともに、そのようなホモ・サケルの「剝き出しの生」が当時の法的 - 政治的共同体とのあいだに取り結んでいた関係には、カール・シュミット（一八八八―一九八五年）が『政治神学』（一九二二年）で分析している主権のありようとのあいだにトポロジカル（位相論的）な相同性が見られることに注目する。『政治神学』の冒頭でシュミットは「主権者とは例外状態にかんして決定をくだす者を言う」と定義しているが、そこで言われる「例外（exceptio）」が「外へと排除しつつ捕捉する（ex-capere）」ことだとすれば、この〈排除をつうじての包含〉という構造はそのままホモ・サケルの「剝き出しの生」が当時の法的 - 政治的共同体とのあいだに取り結んでいた関係でもあるのではないか、というわけなのだ。

実際にも、例外状態にかんして決定をくだす主権者は、みずからが決定をくだした例外状態において法律を宙吊りにし、法律が宙吊りになった状態のもとで、法的保護の外に投げ出された臣民たちの「剝き出しの生」にたいして、これまた古くから家父長が自分の息子にふるっていたのと同様の生殺与奪の権をふるう。つまりは「生政治」をおこなうのである。

このように、アガンベンによれば、従来権力の法制度的モデルのなかで捉えられてきた主権的権力は、もともと、その支配下にある人々の「剝き出しの生」との密接不可分な関係のうちにあって、みずからを存立させていた。ひいては、「生政治」とは、およそ政治的権力なるものの出現当初からの――秘匿されてきたとはいえ――本源的な姿にほかならないのだった。

したがって、アガンベンによれば、近代における政治の特徴をなしているのは、ゾーエーがポリスに包含されるようになったという事実そのものではない。そうではなくて、もともとは法的‐政治的共同体の秩序の欄外＝余白に位置していた「剝き出しの生」の空間がしだいに政治の空間そのものと一致するようになり、排除と包含、外部と内部、ビオスとゾーエー、法権利と事実のあいだの区別が定かではなくなって、いかんともしようのない不分明地帯に突入するにいたったという事実――この事実こそが近代における政治のきわだった特徴をなしているのだ。

このような見通しのもと、アガンベンの《ホモ・サケル》プロジェクトは開始された。そして、古代ギリシア・ローマから中世の神学、さらには近代の哲学にいたるまで、精緻かつ豊富な文献学的知識をいかんなく活用しながら、「脱構成的可能態（potenza destituente）の理論」、すなわち、アリストテレスの『形而上学』におけるように現実態へと構成されることがなく、どこまでも可能態のままとどまり続ける可能態――アリストテレスが「アデュナミス（adynamis）」と呼んでいるもの――の理論の構築に向けて問題を深化させていったのである。射程は「生政治」から「政治神学」、さらには「共同体」にまで及んでおり、まことに壮観と呼ぶにふさわしいプロジェクトである。

折々に提示されている示唆も、一つ一つが読む者の脳髄を刺激してやまない。古代ギリシア・ローマ以来連綿と続いてきた西洋思想の伝統に正面から立ち向かい、その伝統の内部に深く食い込んだところからの超克をくわだてており、今日における批判的政治哲学の頂点に位置するプロジェクトと言ってよいだろう。

このたび、その《ホモ・サケル》プロジェクトを構成する全九巻を一冊に収めた合本のフランス語版(二〇一六年)、英語版(二〇一七年)、イタリア語版(二〇一八年)があいついで出た。イタリア語版の合本では、中核となる概念を明示しようとしたのであろう、II-1に「ユースティティウム(Iustitium =法の停止)」、II-3に「ホルコス(Horkos =誓言)」、II-4に「オイコノミア(Oikonomia =経済、経綸)」という語が題名の冒頭に付け加えられている。また、IIIの題名は『アウシュヴィッツ』と短縮化されている。

本書は、これらの合本が出たのを機に、《ホモ・サケル》プロジェクトの意義について、わたしなりの見解をまとめてみたものである。既発表の文章にも多かれ少なかれ補正をほどこしてある。エファ・ゴイレン『アガンベン入門』、岡田温司『アガンベン読解』、同『アガンベンの身振り』、アレックス・マリー『ジョルジョ・アガンベン』などと比較しながら読んでいただけるとありがたい。

また、アガンベンをはじめとするイタリア現代思想の動向を「イタリアン・セオリー」というアメリカ合州国産の呼称のもとに概観した本に、岡田温司『イタリアン・セオリー』とロベルト・テッロージ『イタリアン・セオリーの現在』がある。併せて読まれることをお勧めする。


*アガンベンの著作については、引用個所に邦訳の頁数を添えた。訳文は、著者が訳者になっている著作以外については、著者自身による訳にしたものがあることをお断りしておく。

アガンベン《ホモ・サケル》の思想◉目次

プロローグ　アガンベンの経歴

本論に入る前に、アガンベンの経歴を簡単に振り返っておこう。
ジョルジョ・アガンベンは、一九六五年、ローマ大学にシモーヌ・ヴェイユ（一九〇九―四三年）の政治思想にかんする卒業論文を提出して学位を取得したあと、一九六六年と六八年にマルティン・ハイデガー（一八八九―一九七六年）が南フランスのル・トールで開いていたヘラクレイトスとヘーゲルにかんするゼミナールに参加した。ローマ大学在籍中には、ピエル・パオロ・パゾリーニ監督（一九二二―七五年）の映画作品『マタイによる福音書』（邦題『奇跡の丘』）（一九六四年）にフィリポ役で出演したりもしている。

一九七〇年、最初の単著『中味のない人間』を出版。現代の芸術家を「中味のない人間」、すなわち、みずからの扱う素材の内容に自己の内なる主観性の十全な表現を見いだすことができず、かくては内容の否定を無限に反復していき、最後には自己自身の内容（アイデンティティ）の否定にまで行き着かざるをえなくされている存在と規定したところからの（反）美学論である。

一九七四年、パリに移住。オート＝ブルターニュ大学でイタリア語の講師をするかたわら、『ニーチェと悪循環』（一九六九年）などの評論も出していた小説家・画家のピエール・クロソウスキー（一九〇五―二〇〇一年）、一九六八年のパリ五月革命に大きな影響を与えた領域横断的な文化的・政治的前衛集団「アンテルナシオナル・シチュアシオニスト（状況主義インターナショナル）」を解散したばかりだったギー・ドゥボール（一九三一—九四年）、それに当時パリに居住していた「われわれの祖先」三部作——『まっぷたつの子爵』（一九五二年）、『木のぼり男爵』（一九五七年）、『不在の騎士』（一九五九年）——や編著『イタリア民話集』（一九五六年）などで知られる小説家イタロ・カルヴィーノ（一九二三—八五年）などと親交を結んだ。とくにカルヴィーノとは、この時期、批評家・編集者のクラウディオ・ルガフィオーリとともに、ある雑誌の計画を立てている。このような計画があったことを初めて明らかにした『イタリア的カテゴリー——詩学研究』（一九九六年）の「序文」によると、狙いは二項対立からなる一連の概念をつうじてイタリア文化のカテゴリー的構造を究明することにあったという。

計画は結局、実現を見ないで終わってしまったが、そのカルヴィーノを介して出会った英国の思想史家フランシス・イエイツ（一八九九—一九八一年）の計らいで、一九七四—七五年、ロンドンのウォーバーグ研究所の特別研究員となった。そして、一九七七年、そこでの研究の成果を『スタンツェ——西洋文化における言葉とファンタスマ』として公刊する。

続いて、『インファンティアと歴史——経験の破壊と歴史の起源』（邦題『幼児期と歴史』）（一九七八年）と『言語活動と死——否定性の場所にかんするゼミナール』（邦題『言葉と死』）（一九八二年）を出版。うち、『インファンティアと歴史』では、現代人は、あたかもみずからの伝記を奪われてしまったかのようにして、みずからの経験を剝奪されてしまっていることを——ヨーロッパ戦争の戦場から「兵士たちは押し黙ったまま〔…〕伝達可能な経験がいっそう豊かになってではなく、いっそう乏しくなって帰還してきた」というヴァルター・ベンヤミンの一九三三年のエッセイ「経験と貧困」における指摘を受け継ぎつつ――確認したうえで、主体を「言葉を話す動物」としての人間の言語活動をつうじて構成しようとしてきた近代哲学における経験の理論を批判的に回顧したのち、本源的な経験は何か主体的なものであることからは程遠い、主体以前のものであり、文字どおりの「物言わぬ」経験、人間のインファンティア、すなわち、いまだ言語活動をもつにいたっていない状態にほかならないのではないか、との推論を導き出している。そして、わたしたちが言語活動をもつ存在になるためにはインファンティアの境位をかいくぐらざるをえないことに着目するとともに、この事実のうちに歴史の起源を見定めようとした。

ちなみに、『インファンティアと歴史』は二〇〇一年に増補版が出たが、そこにはアガンベンがカルヴィーノやルガフィオーリと共同で計画していたという雑誌の「綱領」が付載されている。一九三八年秋、ベンヤミンはマックス・ホルクハイマー（一八九五―一九七三年）とテオドール・アドルノ（一九〇三―六九年）が主宰する社会研究所の紀要に掲載してもらうべく、「ボードレールにおける第二帝政期のパリ」と題する論考を送った。この論考について、アドルノは掲載を留保する旨を同年一一月一〇日付の手紙で伝達している。魔術から脱却するために必要とされる弁証法的「媒介」の理論を欠落させたまま、事物を名前で呼ぶという神学上のテーマが「事実的なものの青ざめた表象」に反転しようとしている、というのが掲載留保の理由だった。

これにたいして、ベンヤミンのほうでは、同年一二月九日付の手紙で、アドルノが「事実的なものの青ざめた表象」と言うときに念頭に置いているのは文献学的態度のことであろうが、文献学こそは読者が魔術にかかっているテクストを分解して、その個別的な諸要素を漸次観察していき、そうして呪縛から解き放つために必要とされるのではないか、と反論した。「綱領」では、このアドルノとベンヤミンの手紙のやりとりを冒頭で紹介したのち、狭隘なアカデミズムの強要する限界を打ち破って、ほかでもないアドルノが批判した「事実的なものの青ざめた表象」に徹しつつ、そこから具体的な人間的経験をあるがままに取り出すことのできるような、インターディシプリナリーなディシプリンとしての「新しい文献学」の方法を開発することこそが――ベンヤミンの言うように――要請されている、という見解が表明されている。

また、ベンヤミンとの関係ということで言えば、アガンベンが一九八一年、フランス国立図書館に保管されているジョルジュ・バタイユ（一八九七―一九六二年）の文書類のなかにベンヤミンの「歴史の概念について」（「歴史哲学テーゼ」）のそれまで知られていなかった稿本をはじめとする少なからぬ量の未公表原稿を発見し、そこから得た新たな知見の一部をイタリアの現象学的マルクス主義者エンツォ・パーチ（一九一一―七六年）の創刊した雑誌『アウト・アウト（*aut aut*）』（『あれかこれか』）などに寄稿する。これに目をつけたエイナウディ出版社の要請に応じて、一九八二年から同社が刊行を開始したベンヤミンのイタリア語版全集の監修者を引き受けていることも忘れてはならない。

ただし、一九八六年までに四巻が出た時点で、出版社が経営危機に瀕して刊行を中断。一九九二年に再開の目途が立ち、ボードレールにかんする諸論考を収めた五巻目の監修作業に取りかかったものの、直後にエイナウディ出版社はシルヴィオ・ベルルスコーニが所有する投資持株会社フィニンヴェスト傘下のモンダドーリ出版社に吸収・合併される。そして、新しい体制になった出版社側とのあいだで編集方針をめぐる対立が生じ、一九九六年には関係を絶っている（一九九六年一一月一三日付『レプッブリカ』紙に掲載されたアガンベンのジュリオ・エイナウディ宛公開書簡を参照のこと）。

一方、『言語活動と死』では、西洋哲学にとって自明の前提をなしてきた「言葉を話す動物」としての人間という観念の意味するところをめぐって、人間とは「死すべき存在」であるという西洋哲学が与えてきたもう一つの定義と関連させながら、正面から本格的な問いかけがなされている。アガンベンがゼミナールに参加したハイデガーは「言語活動の本質」をめぐる晩年の講演のなかで「死と言語活動のあいだには本質的な関係が存在することが一瞬閃《ひらめ》き出ているが、なおも思考されてはいない」と述べていた。この死と言語活動のあいだに存在すると目される「なおも思考されてはいない」本質的な関係を問うこと――それが『言語活動と死』でアガンベンがみずからに提起した課題だった。

一九八六年から九三年にかけて、パリの国際哲学コレージュで学生たちの研究指導を引き受けながら、ジャン゠リュック・ナンシー（一九四〇年生）、ジャック・デリダ、ジャン゠フランソワ・リオタール（一九二四―九八年）など、フランス哲学界を主導しつつあったメンバーとの交流を深める。また、一九八八年にはマチェラータ大学に美学・哲学講座の教員として就職。続いて一九九三年からはヴェローナ大学で同じく美学・哲学を講じることになったが、時あたかもその間、一九八九年六月四日には中華人民共和国・北京市にある天安門広場に民主化を求めて集結したデモ隊を軍隊が武力で鎮圧し、多数の死傷者を出した、いわゆる六四天安門事件が発生。一方、ヨーロッパでは一九八九年一一月九―一〇日、ベルリンの壁が市民たちによって打ち壊されたのを機に、東欧の社会主義政権が次々に倒壊。さらに一九九一年一二月には、ソ連邦共産党が解散を決定したのを受けて、すべての連邦構成共和国が主権国家としての独立を宣言し、ソヴィエト連邦に代わる独立国家共同体を設立した。ここに、ソ連・東欧の社会主義体制が終焉を迎えることになる。

こうしたなか、アガンベンは、右の諸著作で展開してきた〈言語活動〉に照準を合わせたヨーロッパ的人間の条件についての美学的考察を拠りどころとしながらも、やがて仕事の重心を〈政治〉についての哲学的考察へと移動させていく。そして、「アイデンティティをもたない単独性」のみにもとづく共同体、何らかの属性によって帰属が決定されるのではなく、およそいっさいの属性にたいするまったくの無関心のもとで、各自が何であれ現にあるようなものとして単独的に存在しているという事実の分有のみにもとづいて成立しているような共同体の構想を『到来する共同体』（一九九〇年、増補版二〇〇一年）という一種のマニフェスト的な著作で提示。これを嚆矢に、ジル・ドゥルーズとの共著『バートルビー、創造の定式』（一九九三年）や、『目的のない手段――政治にかんするノート』（邦題『人権の彼方に』）（フランス語版一九九五年、イタリア語版一九九六年）に収録されている諸論考を経て、一九九五年から二〇一五年まで、二〇年間にわたって、「まえがき」で見たような全九巻からなる《ホモ・サケル》プロジェクトに取り組むことになる。

プロジェクトの進行中には、『残りの時――「ローマ人への手紙」への註解』（二〇〇〇年）、『開かれ――人間と動物』（二〇〇二年）、『思考の潜勢力――論文と講演』（二〇〇五年）、『瀆神』（同年）、『事物の印徴――方法について』（邦題『事物のしるし』）（二〇〇八年）、『裸性』（二〇〇九年）など、《ホモ・サケル》プロジェクトと密接に関連するいくつかの本を併せて出版している。

　また、プロジェクトの終了宣言後も、『哲学とは何か』（二〇一六年）、『実在とは何か――マヨラナの失踪』（同年）、『書斎のなかの自画像』（邦題『書斎の自画像』）（二〇一七年）、『創造とアナーキー――資本主義的宗教の時代における作品』（同年）などをあいついで公刊。七五歳を過ぎた現在も、知的生産力はいっこうに衰えを見せていない。

　二〇〇三年から〇九年までヴェネツィア建築大学教授を務めた。その間、二〇〇三年一一月にはニューヨーク大学から教授就任の招請を受けたが、外国人へのアメリカ合州国政府の新しい規制措置（指紋押捺）に抗議して辞退。現在はズヴィッツェラ・イタリアーナ大学メンドリジオ建築アカデミーで教えるかたわら、パリ第八（サン＝ドニ）大学で毎年セミナーを開いている。また、二〇一八年度のノニーノ「現代の巨匠」賞を受賞したことも付け加えておこう。

第Ⅰ章

〈閾〉からの思考

Ⅰ『ホモ・サケル』(1995年)

プロジェクトの第一弾となる『ホモ・サケル――主権的権力と剝き出しの生』（一九九五年）では、第一部で主権の論理についての高度に理論的な考察が展開されたうえで、第二部では「ホモ・サケル」なる存在をめぐって歴史的‐批判的回顧がなされる。そして、第三部では収容所をはじめとする「近代的なものの生政治的範例」についての個別具体的な検証が試みられることになる。じつに刺激的で、多くの示唆に富む著作である。

1

なかでも真摯に受けとめて省察に付されてしかるべきだと思われるのは、主権と「剝き出しの生」の〈排除をつうじての包含〉関係についての「生政治」論的問題視点に立ったところでつかみとられた、近代のデモクラシーと現代の全体主義的支配体制のあいだに存在する緊密な連関性にかんして、同書の序論でなされている指摘である。そこでは、近代のデモクラシーは最初から「ゾーエーの権利要求と解放の運動」として登場しており、「剝き出しの生そのものを生の形式に、まず仕立て上げようとして、いわばゾーエーのビオスを見いだそうとして、不断の努力をしている」ことに注意が喚起される（I：一八頁）。そして、このようにして近代のデモクラシーが人間たちの自由と幸福を彼らの隷従を印づけてきた場所そのもの――「剝き出しの生」――のうちに賭けようとしたことに、それがやがて全体主義的な支配体制へと収斂していかざるをえなかった原因が見てとられ、こう警告が発せられている。

わたしたちの政治は、今日、生以外の価値を知らない。このことがはらんでいる諸矛盾が解決されないかぎり、剝き出しの生にかんする決定を最高の政治的基準にしていたナチズムとファシズムは、悲惨なことにも、いつまでも今日的なものであり続けるだろう。(Ⅰ:一九頁)

こうした全体主義的国家体制の支配下にある現代社会を指すために「ポスト・デモクラティックなスペクタクルの社会」という表現が用いられているが(Ⅰ:一九頁)、「スペクタクルの社会」というのは、アガンベンも名前を挙げているように、「アンテルナシオナル・シチュアシオニスト(状況主義インターナショナル)」運動の主導者ギー・ドゥボールが、人間のコミュニケーション能力そのものが商品化され、スペクタクルというフェティッシュ的物象としてわたしたちのもとに到来するような現代社会の状態を指すために開発した言葉である。この問題についての考察をまとめたドゥボールの『スペクタクルの社会』(一九六七年)は、現代社会をシミュラークル化したモノ=記号の流通と消費のシステムとして読み解こうとしたジャン・ボードリヤール(一九二九―二〇〇七年)の『消費社会の神話と構造』(一九七〇年)の着想源の一つになったことでも知られるが、アガンベンにとっても、ドゥボールの「スペクタクルの社会」論は、現代政治に批判的に対峙しようとするにあたっての最も基本的な参照基準をなしているようである。

アガンベンは、二〇〇一年一二月一八日、立命館大学が主催した国際学術シンポジウム「21世紀的知の構築に向けて」に招かれて、「内戦とデモクラシー」と題する講演をおこなったが、その講演のなかで、内戦と言われるものも「生政治的機械」と定義しうるものの一部をなしていると述べていた。そして、いまや時代はアメリカ合州国による一極的な世界支配が進むなかで、そうした「生政治的機械」としての内戦がグローバルな規模で生じつつある「世界内戦」の局面を迎えるにいたっていると指摘していた。ここからは、アガンベンが「生政治」をめぐる考察の射程を、当初はもっぱら照準を定めていたヨーロッパ近代の市民社会のみならず、イマニュエル・ウォーラーステイン（一九三〇―二〇一九年）の言う「近代的世界システム」全体の現下における未曾有の構造的変容にも拡大しようとしていたことが察知される。この講演は、大幅に改稿・増補されたうえ、二〇一五年に『スタシス――政治的パラダイムとしての内戦』と題して刊行され、《ホモ・サケル》プロジェクトのII‐2に配された。

2

それにしても、アガンベンの仕事で印象深いのは、〈閾《いき》〉へのことのほか熱い注視である。ゾーエーとビオス、オイコスとポリス、外部と内部、あるいはまた、生と死、人間的なものと非人間的なもの――これら古代ギリシア以来のヨーロッパにおける思想の伝統を形づくってきた対立する二項が相互に貫入し合い、ベンヤミンが遺稿「歴史の概念について」（「歴史哲学テーゼ」）で述べている「静止状態の弁証法」を構成しつつ、相互の区別が不分明となる〈閾〉。そのような不分明化の〈閾〉こそが問題の集約点だとアガンベンは捉え、そこに定位したところから、みずからの思考を開始しようとするのである。

〈閾〉からの思考――アガンベンの思考の特徴を一言で表現するなら、そう表現することができるだろう。この「閾（soglia）」という語は、『ホモ・サケル』を構成する三つの部それぞれの考察を小括した部分の見出し語としても用いられている。

このアガンベンの、およそいっさいの区別が不分明化する〈閾〉に立ったところからの思考の、何と発見術的な効果に満ち満ちていることか。

そのことは、のちに『スタシス』と題して《ホモ・サケル》プロジェクトのII‐2に組み込まれることになった立命館大学での講演の内戦論からも確認される。あるいはまた、『目的のない手段』（邦題『人権の彼方に』）（一九九六年）に収録されているノート「人権の彼方に」の難民論。ハンナ・アーレントの「われら亡命者」（一九四三年）を糸口にした、この短いながらも密度の高いノートのなかで、アガンベンは、難民をまさにそのような〈閾〉に身を置いた現代世界の特権的存在と見立てたところから、どのような国民国家的領土とも、その地勢学的《トポグラフィカル》な総和とも一致せず、それらの領土には「内部と外部が互いに不分明になるクラインの壺やメビウスの帯のように」位相幾何学的《トポロジカル》な穴がうがたれていて、その上に存在する政治的共同体が相互に外‐領土的な関係に置かれているような空間、「そこでは（市民も非市民も含めて）だれもが脱出状態ないし亡命状態にあるような」新しい世界都市的空間の出現可能性を展望している（三三頁）。

3

ただ、このような発見術的効果に満ちたアガンベンの〈閾〉からの思考をわたしたちの哲学の未来に活かしていくためにも、ここに一点、しかと見定め、その意義について問うておかなければならないことがある。アガンベンはベンヤミン的な〈閾〉の思想家であると同時にアリストテレスの徒でもあって、初期における美学畑の仕事から《ホモ・サケル》プロジェクトとなって結実した政治哲学的な仕事まで、一貫して、デュナミスとエネルゲイア、あるいは可能態＝潜勢力とその現勢化という概念装置に依拠しつつ思考の体系化を図ろうとしているという点である。

このデュナミスとエネルゲイア、あるいは可能態＝潜勢力とその現勢化という概念装置は、とりわけアガンベンが《ホモ・サケル》プロジェクトに着手するのに先立って世に放ったマニフェスト的著作『到来する共同体』（一九九〇年）で提示している共同体の構想、すなわち、永遠に現実化されることのない潜在的可能性の状態にとどまり続けているという事実、ジャン＝リュック・ナンシーの言う「無為」、あるいはハーマン・メルヴィル（一八一九—九一年）の造型した筆生バートルビーに見られるような「行為することをしないでいる」という事実の分有のみにもとづいて成立している共同体の構想を練り上げるにあたって、鍵となる役割を演じていた。

それは『ホモ・サケル』のなかでも理論的密度のきわだって高い章である第一部第三章「可能態＝

潜勢力と法」で効力をいかんなく発揮しているが、そこまではよいとしよう。そこに実質的な部分が織り込まれている『目的のない手段』所収のノート「〈生の形式〉(forma-di-vita)」を見られたい。このノートのなかで、アガンベンは、彼の構想する〈到来する共同体〉の可能性をアリストテレスによって「その本性が可能態＝潜勢力の状態にあるような存在」と定義された〈思考〉の作用に求めるとともに、マルクスが『経済学批判要綱』(一八五七―五八年執筆)において機械装置の導入による生産工程の合理化が進行するなかで労働に代わって主要な生産力になると示唆した「一般的知性《ジェネラル・インテレクト》」のうちに、そうした〈思考〉の最も有力な現代的形態を見てとろうとしている。

だが、これはどうだろう。このノート「〈生の形式〉」は、さきに言及したノート「人権の彼方に」とともに、パオロ・ヴィルノ(一九五二年生)とマイケル・ハート(一九六〇年生)の編集になる『イタリアのラディカル思想(*Radical thought in Italy*)』(一九九六年)にも、彼らアントニオ・ネグリを理論的指導者に戴くグループのめざす「ポテンシャル・ポリティクス(potential politics / politica potenziale)」のための基礎文献として再録された。しかし、「人権の彼方に」では、国民国家の枠組みからのつねなる脱出状態にある難民こそが現代における新しい政治的共同体のありようを思考するのに唯一可能な形象である、と指摘されていたのではなかったか。この〈難民〉という形象がはらむ可能性への留意と、マルクスの言う「一般的知性《ジェネラル・インテレクト》」の潜勢力に依拠した〈到来する共同体〉の展望とのあいだには、断絶とは言わないまでも、齟齬があるのではないだろうか。マルクスの言う「一般的知性《ジェネラル・インテレクト》」は、工業社会から情報化社会への移行を批判的に媒介しうるものではあっても、難民が体現している脱国民国家的状況の内部から新しい政治的な生の形式を構成する能力は持ち合わせていないだろうからである。

アントニオ・ネグリ自身における『構成する権力』(邦題『構成的権力』)(一九九二年)からマイケル・ハートとの共著『帝国』(邦題『〈帝国〉』)(二〇〇〇年)への思考の展開過程とも対照させながら、検討に付してみるべき点ではないかと思う。

第II章

証　言

III『アウシュヴィッツの残りのもの』（1998年）

1

《ホモ・サケル》プロジェクトのI『ホモ・サケル――主権的権力と剝き出しの生』（一九九五年）では、第一章と第二章でそれぞれ「主権の論理」と「ホモ・サケル」なる形象についての考察がなされたのち、第三章では、収容所こそが「近代的なものの生政治的な範例」をなしているとして、その諸相が素描されていた。そして、Ⅲ『アウシュヴィッツの残りのもの――アルシーヴと証人』（一九九八年）では、Iの第三章における叙述を受けて、そのようにして「近代的なものの生政治的な範例」をなすと目された収容所のうちでも極限的なケースであるアウシュヴィッツのユダヤ人強制／絶滅収容所の現実――とりわけ、同収容所で「ムーゼルマン（Muselmann＝回教徒）」と呼ばれていた人々の態様に即しつつ、考察をさらに深化させることが企図されている。

アウシュヴィッツでは、収容された者たちの多くが、状況のあまりの苛酷さ、というより法外さのなかで、短期間のうちに心身ともに疲労し、衰弱していった。そして、もはや人間的なものと非‐人間的なものの区別がつかなくなってしまうような〈閾《いき》〉に落ち込んでしまった。そのような者たちを指して、アウシュヴィッツでは「ムーゼルマン＝回教徒」と呼んでいた。彼らが「ムーゼルマン＝回教徒」と呼ばれたのは、その虚脱状態での機械的な所作がイスラーム教徒の礼拝の姿に似ているため、あるいは運命の受け入れ方がイスラーム教徒のそれに似ているためだったようである。そうした

「ムーゼルマン＝回教徒」の一人を目にしたときの様子を、アウシュヴィッツからの生還者であるジャン・アメリー（一九一二―七八年）は『罪と罰の彼岸――ある敗北者の清算の試み』（一九六六年）に収録されている「精神の限界」という論考のなかで「彼はよろよろと歩く死体であり、身体的機能の束が最後の痙攣をしているにすぎなかった」と報告している。

また、同じくアウシュヴィッツからの生還者であるプリモ・レーヴィ（一九一九―八七年）も、そうした「ムーゼルマン＝回教徒」たちのことを思い浮かべつつ、生還直後の一九四七年に世に問うたアウシュヴィッツ体験記に『これが人間か』というタイトルをつけるとともに、彼らのことを同書のなかで「神の火花が自分のなかで消えてしまい、本当に苦しむことはできないくらい、すでに空っぽになっているため、無言のまま行進し、働く非－人間（non-uomo）たちの、たえず更新されてはいるが、つねに同一の匿名のかたまり」と表現した。そして、こう書いている。「ガス室に向かっていくムーゼルマン＝回教徒は、みな同じ物語をもっている。いや、もっと正確に言えば、物語をもっていない。〔…〕彼らの死を死と呼ぶのはためらわれる。というのも、彼らは疲弊しきっているために死を理解することができないので、死を前にしても恐れることがないからである」と。

そのようなアウシュヴィッツの「ムーゼルマン＝回教徒」たちの姿態のうちに、アガンベンは「近代的なものの生政治的な範例」の極限的なケースにあって人々が強いられることになった生の極北の形を見てとる。

ムーゼルマン＝回教徒が何者であるのか、あるいは何物であるのかをまず理解するまでは、

〔…〕わたしたちはアウシュヴィッツがなんであるのかを理解することはないだろう。（Ⅲ：六七頁）

そう指摘したうえで、アガンベンは書いている。

ムーゼルマン＝回教徒は、ある場合には、非‐生者として、その生が本当の生ではなくなった者としてあらわれ、またある場合には、その死を死とは呼ぶことができなくなって、死体の製造としか呼ぶことができなくなった者としてあらわれる。すなわち、生のうちへの死の領域の内接、死のうちへの生の領域の内接としてあらわれるのである。どちらの場合においても〔…〕、問題に付されているのは人間の人間性そのものにほかならない。ムーゼルマン＝回教徒は、執拗に人間としてあらわれる非‐人間なのであり、非‐人間的なものと区別することのできない人間的なものなのである。（Ⅲ：一〇八頁）

そして、ここにいたっては人間の尊厳をはじめとする従来の倫理的価値のおよそいっさいが失効を宣告されるとして、アウシュヴィッツにおいてその極限の姿をあらわにするにいたったかに見える「生政治」の現実を踏まえた新しい倫理を開拓することが要請されるとして、次のように述べる。

いかなる想像もおよばないくらいに尊厳と上品さが失われうるということ、零落の極みにあってもなお生が営まれるということ――このことが、生き残った者たちが収容所から人間の国にもち帰る残酷な知らせである。そして、この新しい知識が、いまや、あらゆる道徳とあらゆる尊厳を判断し測定するための試金石となる。そのもっとも極端な定式化であるムーゼルマン＝回教徒は、尊厳が終わったところで始まる倫理もしくは生の形態の番人である。（Ⅲ：九〇―九一頁）

この要請に応えるべく新しい倫理の地にいくつかの探りを入れることに『アウシュヴィッツの残りのもの』におけるアガンベンの主要な努力は差し向けられることになる。

ちなみに、同書におけるみずからの企図を、アガンベンは序言においてスピノザの『幾何学の流儀で証明されたエチカ』に倣って「アウシュヴィッツの流儀で証明されたエチカ」（Ⅲ：一〇頁）と称している。そして、アウシュヴィッツのユダヤ人強制／絶滅収容所における「生政治」の実態を、とりわけ同収容所で「ムーゼルマン＝回教徒」と呼ばれていた者たちが追いやられていた人間的なものと非‐人間的なものの区別が不分明になってしまう〈閾〉のうちに探ったのち、その現代におけるホモ・サケルと呼ばれるにふさわしい「ムーゼルマン＝回教徒」たちの証言を、ポーランドの精神医学者ズジスワフ・ヤン・ルィンとスタニスワフ・クウォジンスキの論考「生と死の境界で――強制収容所におけるムーゼルマンの現象についての研究（An der Grenze zwischen Leben und Tod: Eine Studie über die Erscheinung des 'Muselmanns' im Konzentrationslager）」（一九八七年）から抜粋して列挙したこの著作の最後をも、これまたスピノザ最晩年の未完の論考『政治論』（邦題『国家論』）の末尾に記されている「以下を欠く（Residua desiderantur）」という語でもって、つまりは開いたままに閉じているのである（Ⅲ：二三二頁）。

2

しかし、《ホモ・サケル》プロジェクトのⅢ『アウシュヴィッツの残りのもの』は、Ⅰ『ホモ・サケル』で考察の対象にされたことがらの、たんなる拡大・敷衍ではない。「生政治」へのフーコー自身のアプローチと、フーコーの問題提起を受けたアガンベンのアプローチのあいだには、視座そのものの修正をともなう批判的継承の存在を指摘できるが、それと同様に、《ホモ・サケル》プロジェクトのⅠとⅢのあいだにも、対象領域のたんなる拡大・敷衍にとどまらない新たな展開の存在を指摘することができる。Ⅲは――サブ・タイトルからもうかがえるように――とりわけ「証人論」ないし「証言論」という形をとっているという点が、それである。もっとも、アウシュヴィッツを考察の対象とするとき、それが証人論ないし証言論という形をとらざるをえなくなるというのは、それ自体としては自然なことだろう。しかしながら、その理由というのが、アガンベンの場合には何とも意表を突いたものなのだ。

アウシュヴィッツを考察の対象とするときに証人論ないし証言論という形をとらざるをえなくなる理由として、これまで一般に指摘されてきたのは、アウシュヴィッツをユダヤ人の文字どおり物理的な絶滅を意図した「死の収容所」である点に見定めたところからのものだった。アウシュヴィッツが絶滅収容所だったとすれば、その絶滅の真実――具体的にはガス室の存在――を証言しうる目撃者自身は、目撃の瞬間に当のガス室の中で死んでしまったものと想定される。一方、生き残った者たちはガス室の内部での出来事は目撃していないのだから、彼らには目撃証人としての資格が決定的に欠如していることになる。このような意味での証言のアポリアが問題の焦点をなしてきたのである。

それにたいして、アガンベンが探ろうとしているのは、あくまでも「近代的なものの生政治的な範例」をなす収容所のなかでも極限的なケースと目されるアウシュヴィッツにおける「生政治」の実態である。したがって、アガンベンが関心を寄せるのは、アウシュヴィッツがガス室と焼却炉をそなえた「死の収容所」であり、そこでは目撃証言者としての資格を有する当事者たちが文字どおり物理的に跡形もなく消し去られてしまったという事実そのものではない。その事実もさることながら、むしろ、ガス室に向かう一歩手前のところで極限状態に追いやられていた人々の生の真実、それも生と死のはざま――というよりは、人間的なものと非 - 人間的なものの区別がもはやつかない〈閾〉に落ち込んでしまった人々の生の真実、つまりはアウシュヴィッツで「ムーゼルマン＝回教徒」と呼ばれていた人々の生の真実こそが、アガンベンの関心事なのである。

それゆえ、その証人論ないし証言論も、もっぱら、そのような「ムーゼルマン＝回教徒」たちの生の真実に照準を合わせたところからのものとなる。そして、ここからは、アウシュヴィッツをユダヤ人の文字どおり物理的な絶滅を意図した「死の収容所」である点に見定めたところから導き出されてきたのとはまた別種の証言のアポリアが浮かび上がってくるのだった。

なかでもアガンベンが注目するのは、生き残り証人の典型と目されるプリモ・レーヴィが、アウシュヴィッツから生還して四〇年後にみずから命を絶つ前年の一九八六年に公刊した『沈んでしまった者と救いあげられた者』（邦題『溺れるものと救われるもの』）のなかで、次のように言い遺していることである。

わたしたち生き残って証言する者は、本当の証人ではない。〔…〕わたしたちは、不正のゆえに、あるいは能力のゆえに、あるいは幸運のゆえに、底に触れることのなかった者たちである。底に触れた者、ゴルゴンを見てしまった者は、戻ってきて語ることはなかった。あるいは、戻ってきたとしても、黙していた。しかし、彼ら「ムーゼルマン＝回教徒」、沈んでしまった者たちこそは、完全な証人であり、包括的な意味内容をもつ証言ができたはずの者である。〔…〕運がよかったわたしたちは、自分の運命についてだけでなく、他人の運命についても、そう、沈んでしまった者たちの運命についても、多少の知恵を働かせて語ろうとした。しかし、それは「第三者の立場からの話」、身をもって体験せずに傍《はた》から見たことについての話だった。完遂された破壊、なしとげられた作業については、だれも語ってこなかった。戻ってきて自分の死について語ることは、だれにもけっしてできないのだ。それだけではない。沈んでしまった者たちは、たとえ紙とペンをもっていたとしても、証言することはなかっただろう。というのも、彼らの死は、身体的な死よりも前に始まっていたからである。死ぬよりも数週間前、数ヵ月前に、彼らはすでに観察し、記憶し、比較考量し、考えを述べる力を失っていた。わたしたちは、彼らの代わりに、代理として語っているのである。

これは、生き残った者を支配している恥ずかしさの感情について考察した章に出てくる述言である。その章で、レーヴィ自身は、他の多くの生き残りたちと同様、この生き残った者を支配している恥ずかしさの感情を、罪の意識、すなわち他人の代わりに生き残ってしまったことへの負い目の意識によるものだと説明している。

しかし、アガンベンは、この説明に疑問を差し挟む。そして、エマニュエル・レヴィナス（一九〇六—九五年）が一九三五—三六年に書いた「逃走について」（邦題「逃走論」）という論考で恥ずかしさについて分析して「恥ずかしさのうちにあらわになっているのは、まさしく、自己自身に釘づけにされているという事実、自己自身から逃れて隠れることの根本的な不可能性、自己自身のもとへの自我の容赦ない現前である」と指摘しているのを手がかりにして、生き残った者を支配している恥ずかしさの感情は、むしろ自我が引き受けることのできない受動性へと引き渡されることに起因する一種の自己触発的な存在論的感情であり、それは人間存在における主体化と脱主体化という二重の運動の過程で生じてくるとする。

恥ずかしさの経験において生き残りたちが眼前にしているのは、自己自身の破産、主体としての自己の喪失＝脱主体化である。だが、自分のものではなくなって脱主体化されたこの存在は、自己自身のもとへの自我の極端で執拗な現前でもある。「あたかも、わたしたちの意識がどこまでも崩れ、こぼれ出ていきながら、それと同時に、さからえない命令によって、自分の崩壊に、絶対的に自分のものでありながら自分のものでないものに、いやおうなく立ち会うよう呼びつけられているかのようである」（Ⅲ：一四一頁）状態――脱主体化の運動と主体化の運動が互いに一致を見ることはないままに交錯する、このような状態のもとにあって生じてくる自己触発的な存在論的感情――それが恥ずかしさにほかならないというのである。

しかも、アガンベンが、イギリスのロマン主義詩人ジョン・キーツ（一七九五―一八二一年）から、異名で多くの作品を発表したことで知られるポルトガルの詩人フェルナンド・ペソア（一八八八―一九三五年）、さらにはまたフランスの言語学者エミール・バンヴェニスト（一九〇二―七六年）の「言表行為（énonciation）」の理論までを動員して論証に努めているところによると、このようにして主体が引き受けることのできない受動性へといかんともしがたく引き渡される脱主体化の経験というのは、古来人間をして人間たらしめている条件だと考えられてきた〈言葉を話す〉という行為に本来的な経験なのだった。

したがって、アガンベンによると、右に引いたくだりでアウシュヴィッツの「ムーゼルマン＝回教徒」たちとのあいだに生き残った者たちが取り結ぶことを余儀なくされているとレーヴィが指摘した〈代理証言者〉としての関係についても、そこにわたしたちが見てとるべきなのは、生き残った者たちの「ムーゼルマン＝回教徒」たちにたいする負い目の意識であるよりは、主体が引き受けることのできない受動性へといかんともしがたく引き渡されようとしている、そのような脱主体化の経験であることになる。つまり、証言の主体は脱主体化の主体であり、証人は脱主体化をこそ証言する、ということである。

実のところ、話すことはできるが自分の身に関わることとしては語るべきものを何ももっていない生き残った者と、「底に触れた」ために語るべきことを確かにもっているが脱主体化して非‐人間となってしまって話すことができない「ムーゼルマン＝回教徒」と、ここではいったいどちらが証言の主体なのか。

一見したところでは、生き残った者が「ムーゼルマン＝回教徒」について証言しているようにも見える。しかし、生き残った者が証言するのは、あくまで「ムーゼルマン＝回教徒」の代理としてであるという。とすれば、代理を委託された者の行為は代理を委託する者に帰属するという法律の原理に従って、「ムーゼルマン＝回教徒」こそが証言していることになる。だが、「ムーゼルマン＝回教徒」こそが本当の証人であり、生き残って証言する者はその代理としてでしかないのだとすれば、このことは、人間のもとで本当に証言しているのは脱主体化した非‐人間であるということ、人間は非‐人間の受託者にほかならず、非‐人間に声を貸し与える者であるということを意味していないだろうか。言い換えるなら、人間はつねに人間的なもののこちら側か向こう側のどちらかにいるのである。「人間」とは中心にある〈閾〉であり、その〈閾〉を人間的なものの流れと非‐人間的なものの流れ、主体化の流れと脱主体化の流れ、たんに生物学的な生を生きているだけの存在が言葉を話す存在になる流れと言葉を話す存在がたんに生物学的な生を生きているだけの存在になる流れが、たえず通過する。これら二つの流れは、外延を同じくするが、一致することはない。この結合の非‐場所において生起するものこそが、証言にほかならない。

このようにアガンベンは「ムーゼルマン＝回教徒こそは完全な証人である」というレーヴィの述言にはらまれているパラドクシカルな含意を読み解こうとするのである。この読解にあてられた『アウシュヴィッツの残りのもの』の第三章は圧巻と言うほかない。アメリカ合州国の脱構築派の批評家ショシャナ・フェルマン（一九四二年生）がクロード・ランズマン監督（一九二五―二〇一八年）の映画作品『ショアー』（一九八五年）についての試論『声の回帰』（一九九二年）のなかで指摘した「アウシュヴィッツ以後の証言の時代における証言の危機」の問題は、ここにおいて解決に向けての一つの新たな糸口を与えられたと言ってよいだろう。

3

だが、脱主体化の主体であるとは、どういう事態のことなのだろうか。どのようにすれば主体はみずからの破産について説明することができるのだろうか。

アガンベンは『アウシュヴィッツの残りのもの』の最終第四章において、フーコーに、ただし今回は『性の歴史』の第I部『知への意志』で「生政治」の概念を提出して《ホモ・サケル》プロジェクトの着想源となったフーコーではなく、『性の歴史』に先立つこと数年前の一九六九年に公刊された『知の考古学』で――あたかも同年路上で倒れて失語症に陥ったまま三年後に他界するバンヴェニストの「言表行為（énonciation）」の理論を引き継ぐようにして――「言表されるもの（énoncé）」の理論を打ち出したフーコーに立ち戻る。そして、『知の考古学』でアルシーヴとラング、さらにはパロールの総体としてのコルピュスという三者間の関係についてフーコーが与えた説明のうちに解答の糸口を見いだそうとする。

フーコーは『知の考古学』で、言表の次元に相当する実定性の次元を「アルシーヴ（archive）」と呼ぶ。それは狭い意味での古文書館――すでに語られたことの痕跡を分類して保管した場所――のことではない。そうではなく、言説《ディスクール》（discours）上の出来事を定義する諸規則の総体であり、言表されるものの形成と変形の一般的システムである。そのようなものとして、アルシーヴは、可能なあらゆる文――語ることのさまざまな可能性――を構築するシステムとしての「ラング（langue）」と、すでに語られたこと、実際に話されたか書かれたかしたパロールの総体を集めた「コルピュス（corpus）」とのあいだに位置する。このアルシーヴのうちに、フーコーは自分の足場を据えつける。そして、あらゆる発語行為における語られていないものと語られたもののあいだ、言表の機能とそれが遂行される場所としての言説のあいだ、言語活動の内部と外部のあいだの諸関係のシステムとしての考古学を打ち立てようとしたのだった。

それにたいして、アガンベンは、このフーコーの作業プランを大筋では受け入れながらも、重心をラングのほうにずらしてみようとする。フーコーがラングとパロールのあいだに据えつけた足場をラングとアルシーヴのあいだに移してみようとするのである。そして、現におこなわれている言説ないし言語活動の次元だけでなく、語ることの可能性ないし潜勢力（potenza di dire）としてのラングの次元においても、内部と外部を結合してみようとする。そうすれば、これまで遂行してきたアウシュヴィッツにおける「ムーゼルマン＝回教徒」と生き残り証人の関係の分析のなかでアポリアとして現われていた証言に固有の意義が浮かび上がってくるだろうというのだ。というのも、アルシーヴが語られていないものと語られたもののあいだの諸関係のシステムだとするなら、「ラングの内部と外部、あらゆる言語における語りうるものと語りえないもの、つまりは語ることの潜勢力とそれの現勢化、語ることの可能性と不可能性のあいだの諸関係のシステム」（Ⅲ：一九五頁）こそが証言であるだろうからである。

アルシーヴの構成においては、ひとたび言表がなされたのちには言表行為の主体は言表されるものの匿名のざわめきのうちに消失させてしまってかまわなかったが、語ることの可能性ないし潜勢力としてのラングとその現勢化、ラングとアルシーヴのあいだの関係においては、話すことの可能性そのもののなかにあってパロールの不可能性を証示するものとしての主体を必要とする。そのためにこそ主体は証人の姿をしている、とアガンベンは考えるのだ。

4

アガンベンは、さきに引いたプリモ・レーヴィの述言にある「ムーゼルマン＝回教徒こそは完全な証人である」というテーゼの意味するところを「人間とは非‐人間であり、人間性が完全に破壊された者こそは真に人間的である」というように読み解いたうえで書いている。

ここでパラドクスとなっているのは、人間的なものについて真に証言するのが人間性が破壊された者だけであるとするなら、このことが意味するのは人間と非‐人間の同一性はけっして完全ではないということ、人間的なものを完全に破壊するのは不可能であるということ、つねにまだなにかが残っているということである。証人とはその残りのもののことなのである。〔III：一八二頁〕

最後に注意しておかなければならないのは、この《ホモ・サケル》プロジェクトIIIのタイトルにもなっている「残りのもの（quel che resta）」という用語＝概念がアガンベンにおいてもっている含意である。これは――第四章の末尾に簡潔な説明が与えられているように――聖書に出てくる「残りの者」という用語＝概念を念頭に置いたものであり、古代イスラエルのユダヤ教徒のあいだで育《はぐく》まれたメシアニズムと深い関わりのある用語＝概念だった。その第四章末尾の説明のなかで引かれているように、また著作全体のエピグラフにも採られているように、たとえば『イザヤ書』一〇・二〇―二二にはこうある。

その日になると、イスラエルの残りの者、ヤコブの家の逃れた者たちは、もう再び自分を撃つ者には頼らず、イスラエルの聖なる方、主に、まことをもって頼るであろう。残りの者、ヤコブの残りの者が、力ある神に立ち帰るであろう。というのも、あなたの民、イスラエルが海の砂のようであっても、そのなかの残りの者だけが救われるからである。

預言者たちは、回心して善道に就くよう全イスラエルに向かって呼びかけていながら、「残りの者」だけが救われる、と告げているわけである。この「残りの者」の思想は、パウロの『ローマの信徒への手紙』一一・五—二六における「同じように、この今の時にも、恵みの選びによって残りの者が産み出されます。〔…〕こうして、全イスラエルが救われるのです」という言葉にも影響の跡をうかがうことができる。アガンベンは、このようなイスラエルの預言者たちの論理のうちに、彼自身がアウシュヴィッツの「ムーゼルマン＝回教徒」と生き残り証人の関係についてのレーヴィの述言から導き出した証言論ないし証人論と位相を同じくするものがあるのを見てとろうとするのである。

イスラエルの「残りの者」は、民全体ではなく、その一部でもなく、全体にとっても部分にとっても自分自身と一致することの不可能性、また相互のあいだでも一致することの不可能性を意味している。そして、メシア到来の時は、歴史上の時でもなければ、永遠でもなく、両者を分割する隔たりのなかにあって残っている時である。それと同じように、アウシュヴィッツの残りのもの——証人たち——も、「ムーゼルマン＝回教徒」でもなければ、生き残った者でもなく、沈んでしまった者でもなければ、救いあげられた者でもなく、彼らのあいだにあって残っているものである。

これが『アウシュヴィッツの残りのもの』というタイトルにアガンベンが込めている意味にほかならない。《ホモ・サケル》プロジェクトにおける「生政治」をめぐる考察をアガンベンがどのような方向に開いていこうとしているのか、おおかたの察しはつこうというものである。

なお、「残りの者」という聖書の鍵概念については、二〇〇〇年に公刊された著作『残りの時——「ローマ人への手紙」への註解』に立ち入った説明が見られる。

第III章

法の〈開いている〉門の前で

マッシモ・カッチャーリ『法のイコン』(1985年)

1

ゲルショム・ショーレム（一八九七—一九八二年）は、『カバラとその象徴的表現』（一九六〇年）の第一章に配されている論文「宗教的権威と神秘主義」（一九四九年）のなかで、タルムード時代のユダヤ教神秘主義においてきわだった特徴をなしていたのは「啓示を解く鍵を求めようとする無限の衝動」だったと述べている。そして、オリゲネス（一八五頃—二五四年頃）の『詩編』注釈に紹介されている「あるヘブライ人学者」の話のうちにその一つの確たる証拠を見てとるとともに、同じ衝動がフランツ・カフカ（一八八三—一九二四年）の著作にも認められると指摘している。

しかしながら、これはどうであろう。オリゲネスが伝えているヘブライ人学者の話というのは、次のようなものである。

聖書は数多くの部屋をもった大きな家にたとえられる。そして、どの部屋の前にも、一本の鍵が置かれている。ところが、それは正しく合う鍵ではない。すべての部屋の鍵が取り替えられていて、部屋を開ける正しい鍵を見つけ出すことが、難しいが大いなる課題なのだ。

わたしたちがカフカの著作に確認することのできる事態というのは、はたしてこのヘブライ人学者の言葉にうかがえるようなタルムード的伝統に連なるものだろうか。

確かに、ユダヤ教神秘主義のタルムード的伝統においては「啓示を解く鍵を求めようとする無限の衝動」がきわだった特徴をなしている。そして、そこでは「部屋を開ける正しい鍵を見つけ出すこと」こそが「難しいが大いなる課題」だったのだろう。しかし、カフカの世界においては、どうだったか。そこでは、部屋は——というより、より正確には、カフカの場合には門であるが、門は鍵を使って開けるまでもなく、すでに開いていたのではないか。そして、ほかでもない、門がすでに開いているということこそが、カフカにとっての問題だったのではないか。

小説『訴訟』（邦題『審判』）（一九一四—一五年執筆）に挿入されている寓話「法の前に」を読んでみよう。

法の前に門番が立っていた。そこへ田舎から一人の男がやって来て、法の中に入れてくれるように頼んだ。だが、門番は、いまは入れるのを許すわけにはいかない、と言う。男は考え、それから、もっとあとになれば入ることを許されるのか、と尋ねた。「たぶんな。だが、いまはだめだ」と門番は答えた。法への門は、いつもどおり開いたままだった。門番が脇に寄ったので、男は中をのぞき込もうと身をかがめた。これを見て、門番は笑って言った。「そんなに入りたいのなら、おれにかまわず入るがいい。だが、言っておくが、おれは力持ちだ。しかも、おれはいちばん下っ端の門番にすぎない。なかには部屋ごとに門番がいて、その力はどんどん大きくなっていく。このおれにしても三番目の門番の顔を見ただけで、すくみ上がってしまうほどなんだぞ」。田舎からやって来た男は、こんなにも難儀だとは思ってもいなかった。法はだれにでも、いつでも接近できるはずだ、と考えていたのだ。

オリゲネスの伝えるヘブライ人学者の話では、数多くの部屋をもつ大きな家にたとえられていた聖書のどの部屋も、扉に錠がかけられて閉まっている。そして、部屋の前には鍵が置かれているものの、それらはすべて取り替えられていて、どれが正しい鍵なのか、判別がつかない。それゆえ、部屋を開けるための正しい鍵を見つけ出すこと、つまりは釈義が課題となる。

ところが、カフカの寓話「法の前に」の場合には、門は開いたままになっている。鍵を見つけるまでもないのだ。それなのに、田舎からやって来た男は、中に入ることができない……。

いや、ここはむしろ、マッシモ・カッチャーリが『法のイコン（*Icone della legge*）』（一九八五年）で解釈してみせているところに従って、こう言うべきだろう。田舎からやって来た男が中に入ることができないのは、ほかでもない、門がすでに開いているからだ、と。カッチャーリはこう述べている。

門が閉じているということは、それを開ける可能性があるということを意味しており、わたしたちの希望を「開け放つ」。〔…〕しかし、もし門がすでに開いているなら、わたしたちはどうして「開ける」希望をもつことができるだろうか。開いているものに入る（entrare-l'aperto）ということを、わたしたちはどうすれば考えることができるだろうか。〔…〕わたしたちは、開けることができる場所にのみ、入ることができる。〔…〕田舎の男が入ることができないのは、入るということはすでに開いているものにおいては存在論的に不可能だからなのだ。

だが、田舎からやって来た男には、このことが分からない。それが分からずに、門の中への立ち入りを阻んでいるのは門番なのだと思い込み、門番が差し出した腰かけに座って、中に入れてくれるよう門番に請い続けながら、あたら幾歳月をすでに開いている門の前で費やすのである。

2

さて、そうこうするうちに、ついに男は視力が弱ってきて、本当にあたりが暗くなったのか、それともたんに眼のせいなのかも分からなくなってしまう。そのときである。暗闇の中に燦然と、法の門をとおしてきらめくものが見えるではないか。いまや、男の命は尽きかけていた。死を前にして、これまでに経験したあらゆることが一つの問いへと凝集される。「だれもが法を求めているというのに」と男は門番に尋ねる。「この長い年月のあいだ、どうしてわたしのほかにだれも、中に入れてくださいと言ってこなかったのです？」

するとと、門番は男の臨終の時が来たのを知って、ほとんど聞こえなくなった耳に届くよう、大声で怒鳴った。

ここには、ほかのだれも入れないのだ。この入り口は、おまえのためだけにできていたのだからな。さあ、もうおれは行くことにする。門を閉めるぞ。

しかし、これはまた何という返答だろうか。ヴァルター・ベンヤミンも、そのカフカ論（一九三四年）の、生前は未発表に終わった部分で述べているように、まったくのところ「雲のようにつかみどころのない」、「真意をはかりかねる」返答と言うほかない。

この話を大聖堂で教誨師から聞いて強く心を惹かれた『訴訟』の主人公ヨーゼフ・Kは言う。「だったら、それは門番が男を欺《あざむ》いたのですよ（Der Türhüter hat also den Mann getäuscht）」。もともと、寓話「法の前に」は、裁判所への不信感を教誨師にぶちまけるKに、教誨師が「裁判のことで思い違いをしないように（In dem Gericht täuscht du dich）」と戒めて、「法のための導入の文書がこの思い違いについて述べている」として語ったものである。これをKは、田舎からやって来た男の「思い違い（Täuschung）」ではなく、門番による「欺き（Täuschung）」と解釈するのだ。無理もない解釈と言うべきだろう。

もっとも、作者であるカフカ自身の解釈を代弁していると見られる教誨師は「はやまってはいけない」とふたたびKを戒めて言う。「わたしは文書の本文にあるとおりを話したのだ。そこには、欺いたなどとは一言も書かれていない」と。さらには「おまえは文書に十分注意をはらわず、話をねじまげている」と注意したうえで、「話には、法への入場について、門番による二つの重要な説明が出てくる。はじめに一つと、おしまいに一つ。はじめでは「いまはだめだ」と言われており、おしまいでは「この入り口は、おまえのためだけにできていたのだからな」と言われている。この二つの説明に矛盾があるなら、おまえの言うとおり、門番は男を欺いたことになる。しかし、矛盾などない。それどころか、第一の説明は第二の説明を解き明かしてさえいる」と。

しかし、第一の説明が第二の説明を解き明かしていると言える根拠を、教誨師はKに、そしてわたしたちに、結局のところ提示してくれない。同じくベンヤミンの指摘するように、「終わりの見えない一連の吟味」を長々と繰り出すばかりなのである。ベンヤミンは、ここに「カフカ独特の読解法」を見てとって、それを次のように説明している。

カフカの寓話は、蕾《つぼみ》が花になるように展開する。したがって、寓話の展開の所産は文学に似ている。このことは、しかし、彼の作品が完全に西欧の散文形式に流れ込んでいくものではなく、教義にたいして、〔その教訓的な伝承である〕ハーガッダーが〔その律法的な伝承である〕ハラーハーにたいするのと同じような関係を結ぶ、ということをさまたげるものではない。〔…〕だが、わたしたちは、その教義を所有しているのだろうか。それはここにはない。わたしたちは、せいぜい、あれやこれやが教義を暗示していると言えるだけである。

そして、カフカの読者に注意を与えて、こう述べている。――カフカには比喩をつくり出すたぐいまれな力があったが、その力は「解釈できるもののなかで尽きてしまうことはけっしてなく、むしろ、テクストの解釈に抵抗する、考えられるかぎりのあらゆる予防措置を張りめぐらせている」ので、「慎重に、用心深く、そしてたえず不審を抱きながら、そのなかを前進していかなければならない」と。

3

慎重に、用心深く、そしてたえず不審を抱きながら——。このベンヤミンの指示に照らしてみるなら、彼の弟子をもって任ずるカッチャーリが「第一の説明は第二の説明を解き明かしてさえいる」という教誨師の言わんとするところを忖度して、「門が男のための門でなかったなら、そもそも門番は男を制止することもなかっただろう。また、男は門があることに気づくこともなく、中に入っていたことだろう。門は開いていたのだから」というような解釈をしてみせているのは、いささか安易に過ぎると言うべきだろう。

ただ、続いて教誨師は「門番のほうこそ欺かれたのだ」とする説もあると紹介したうえで、「おおかたの意見は、その話は何ぴとにも門番を裁く権利を与えていない、というものだ。門番がわたしたちにどう見えようとも、彼は法に仕える者であり、法に所属していて、人間の判断を免れている。〔…〕彼は法の命ずるところに従って職務についたのであり、その彼の尊厳を疑うのは法を疑うことに等しい」と述べる。そして、これにKが「その意見には同意できません。もしその意見に従うなら、門番の言うことはすべて真実とみなさなければならなくなるではないですか」と反論したのにたいして、「いや、すべてを真実（wahr）とみなさなくてはならないのではない、すべてを必然（notwendig）とみなさなくてはならないだけだ」と答える。

教誨師の説明を聞いて、Kはただ「暗い気分にさせられる意見ですね。嘘が世の秩序になるというわけだ」とつぶやくのみである。これが彼の結論というわけではなく、話の筋を見通すことができるためには、あまりに疲れてしまっていたのだ。

カッチャーリはまず、このKの「疲れ」の原因を解き明かすことから始める。いわく、Kはあくまでも矛盾律ないし無矛盾の原理に準拠した論証的思考の論理のレヴェルでことがらを捉えようとしている。そして、あたかも論理的真偽が問題であるかのように思いなして、法に問うている。しかし、無矛盾の原理が効力を発揮するには、法の門はあまりにも大きく開け放たれている。この〈開かれてあること〉の存在論的必然性に、人間の論証的思考は耐えきれない。これがKの「疲れ」の原因にほかならないのだ、と。

そして、このようにしてカフカの作品世界において無矛盾の原理が特異な危機的状況におちいっていることを確認したうえで、門番は中に入れないとは言っていないこと、あとになれば入れるのかと尋ねる男に「たぶんな。だが、いまはだめだ」と答えているにすぎないこと、ただ、その「いま」がいつまでも続くこと――これらのことにカッチャーリは注意を向ける。法の中に入ることを許される機会は、つねに存在している。だが、その機会は、いつまで経っても生成途上の状態でのみ（soltanto in statu nascenti）存在している。つまりは、可能なものであり続けるかぎりでの可能なもの。あるいは、現実のものになること――実現されること／成就されること――はついにない絶対的に可能なもの〈assolutamente possibile〉。このような〈絶対的に可能なもの〉の地平を開示してみせたものとして、カッチャーリはカフカの寓話「法の前に」を受けとろうとするのである。

これは、まことに警抜な読みと言うべきである。目配りもそれなりに周到であるように思われる。いささか長くなるが、今後の思索に供するために、要所を書きとめておこう。

可能なものは、ここでは、その悲劇的な、剝き出しの必然性において理解されている。〔…〕すなわち、可能なものは、けっして現実のものになることができないのだ。もしも現実のものになってしまったら、それはもはや可能なものではないだろう。〔…〕もしも成就が可能だったならば、そのときには現実のものと可能なものは合致することになるだろう。いまここでも、いつでも。そして、この時点における現実のもの=可能なものを他のいかなる時点におけるそれとも区別することは、いかなる仕方でもできないだろう。だからこそ、門番は可能なものを、その幽霊的な絶対性において――すなわち、まさしく成就という意味では不可能なものとして主張するのである。〔…〕可能なものを可能なものたるかぎりで現実のものにすることができるというのはアンチノミーであって、いっさいの〔人間に本来的なものである〕論証的思考の能力、解釈の能力を超えている。可能なものは存在しうる。このことを、だれが否定しえようか。しかし、それはまさしく、あくまでも可能なものとして存在するのである。可能なものを「救済」するということは、それが実現不可能なものであることを認めることを意味している。純粋に可能なものといまここでの現存在とのあいだに和解が成り立つためには、それが人間の生であるかぎり、いかなる生であっても、不十分である。人間の生の限界のうちにあるものは、次のうちのいずれかでしかない。すなわち、可能なものをたんに現実のものへの移行点として、ひいてはメタフォリカルに〔別のものへの転移という形で〕捉えるか（この場合には現実のものを可能なものから区別することはできなくなってしまう）、あるいは、可能なものをそれ自体において、絶対的に実現不可能なものとして「救済」するか。

ここで言われる可能なものの「救済」は、フランツ・ローゼンツヴァイク（一八八六―一九二九年）の『救済の星』（一九二一年）における「永遠」の「時間語（Zeitwort）」化された未来態＝〈つねにあるだろう〉ものとしての可能なものを連想させるかもしれない。だが、カッチャーリ自身は、ローゼンツヴァイクの〈つねにあるだろう〉は、すでに現実の現在＝〈いまここ〉のうちにまさしく「救済の星」というシンボルの形をとって現存させられてしまっており、実現／成就に向けての論証的思考の言語の幻想に取り込まれているとして、みずからの〈絶対的に可能なもの〉と峻別している。

4

しかしながら、わたしたちの読んでいるカフカの寓話には、最後になお一点、見落としてはならない言葉が残っている。「さあ、もうおれは行くことにする。門を閉めるぞ」という門番の、寓話全体の締めくくりに置かれている言葉がそれである。

一般に、寓話「法の前に」は、法＝門番の課すアポリアを前にして人生を棒に振ってしまった田舎からやって来た男の失敗譚というように受けとられている。たとえば、カッチャーリは、いまも見たように、男の置かれた状態を現実化されることのついにない〈絶対的に可能なもの〉に命が尽きるまで釘づけにされてしまった状態として解釈している。また、一九八二年の夏にスリジー＝ラ＝サルで開かれた「どのように判断するか——リオタールの仕事を出発点として」をテーマとする討論会での発表「先入見／判決以前（Devant la loi ou préjugés）」（邦題『カフカ論』）でこの寓話を取り上げて緻密な読解を試みたジャック・デリダも、「男は入り口にまではいたるが、中に入るにはいたらず、首尾よく中にいたるにはいたらない」として、「いたらないことへといたる出来事（un avènement qui arrive à ne pas arriver）」の物語という言い方をしている。

だが、これはどうであろう。カッチャーリによれば、田舎からやって来た男を門前で釘づけにしてしまった法の力の秘密は、ほかでもない、門がすでに開いている、という点にあるのだった。この点はデリダも見解を同じくしていて、彼もまた「何ものも守らない門番によって守られ、開いたままになっている門、それも無に向かって開いたままになっている門によって守られて、守るともなくみずからを守っている」点にこそ法の力の秘密はある、と指摘している。つとにショーレムも、ベンヤミンとの往復書簡のなかで、『訴訟』における法のカフカ的状況を「啓示の無（Nichts der Offenbarung）」と定義していた。啓示そのものは現われていて、効力を発揮している（gelten）のだが、何ものも意味する（bedeuten）ところがない——そのような状態のことである。

意味の豊かさが消え失せ、現われているものがいわばみずからの内容のゼロ点へと還元されながら、それでもなお消滅してしまわないところ（そして、啓示とは何らかの形をとって現われているもののことだが）、そこには無が立ち現われる。（一九三四年九月二〇日付、ベンヤミン宛書簡）

その門を閉めるぞ、と門番は死を前にした男に大声で伝えている。このことは、いったいどう解釈すればよいのか。門が閉ざされるということは、とりもなおさず、〈開いている門〉のアポリアの解消を意味するのではないか。だとすれば、そのときには、カッチャーリの言う〈絶対的に可能なもの〉の「救済」の努力は、どこに向かうことになるのか。それは原動力そのものを失って雲散霧消してしまわざるをえないのか。それとも……。

5

ほかでもない門番の「門を閉めるぞ」という言葉で話が締めくくられていることに着目しつつ、カフカが寓話「法の前に」に込めたと推測される意図について従来のものとは異なる読解を試みて、そこからわたしたちの思考の未来への新たな道を開き示してくれるのが、カッチャーリと同様ベンヤミンに親炙するところ並ならぬものがあり、今日のヨーロッパ思想界にあっての鬼っ子ぶりたるや、これまたカッチャーリにまさるとも劣らないアガンベンにほかならない。

おそらくは唯一の条件となりつつある。わたしたちの思考にとって迂回することのできない条件、それも〈遺棄されてあること〉が、いまやわたしたちに今後求められる存在論は、「遺棄」が存在の唯一の述語として残されているような存在論である――ジャン＝リュック・ナンシーは、このような状況診断にもとづいて書かれた論考「遺棄されてあること（L'être abandonné）」（一九八一年）において、“abandon”（遺棄）という語は“à bandon”に由来し、“bandon”は「自由に処分することのできる権力」を意味するゲルマン古語の“band”から派生したものであることに注意を促したうえで、「遺棄する」とは、そのような主権的権力に身を引き渡すことであり、それの発する“ban”、すなわち「禁止を命ずる布告／召喚／追放の判決」にみずからを委ねることである、と説明している。そして、そのようにして遺棄はつねに法へとなされるのであり、法の絶対へと引き渡されることだとしながら、しかしまた追放された者は法のあらゆる管轄権の外に遺棄されるのでもあってみれば、「遺棄の法」は「法がみずから退隠しつつ適用される（la loi s'applique en se retirant）」ことを欲しているのであろう、と述べる。

アガンベンは、カール・シュミットが『政治神学』で剔抉した「主権者は法的秩序の外と内に同時にある」という主権の逆説的な構造の解明に挑んだ《ホモ・サケル》プロジェクトのI『ホモ・サケル――主権的権力と剝き出しの生』（一九九五年）の第一部「主権の論理」において、その解明のための一つの導きの糸をこの〈遺棄されてあること〉をめぐるナンシーの考察のうちに求めるとともに、

“abandon”という語についてのナンシーの語源学的説明にある“ban”ないし“band”の構造、つまり「主権による禁令／追放（bando sovrano）」の構造がカフカの寓話「法の前に」のうちに模範的な簡潔さで描き出されていることを指摘している。

いましがた見たように、ショーレムはカフカの寓話のうちに「啓示の無」、つまりは啓示＝法が意味をともなわないまま効力を発揮している状態を見てとった。アガンベンによれば、「主権による禁令／追放」の構造とは、まさに法が効力を発揮しているものの、もはや意味することのない、ショーレムがカフカの寓話のうちに見てとったような「啓示の無」の状態以外の何ものでもないというのだ。

そのうえで、アガンベンは問い返す。法の構造をこのように解明してみせただけでは、カフカの意図を本当に汲み尽くしたことにはならないのではないか、と。

こう問い返すとき、アガンベンが念頭に置いているのは、カフカの解釈をめぐるショーレムとのやりとりのなかでベンヤミンが口にした「反転」のことである。

ベンヤミンは、ショーレムに送ったカフカ論の最後で「正義への門とは勉学である。だが、カフカはこの勉学に、伝承がトーラーの勉学に結びつけるような神の約束を、あえて結びつけようとはしない。〔…〕彼の学生は、聖書を紛失した門弟たちである」と書いている。これにショーレムが一九三四年七月一七日付書簡で「きみの言う学生は、聖書を紛失した門弟ではなく、〔…〕聖書を解読できない門弟だ」と異を唱えたところ、ベンヤミンは同年八月一一日付書簡で「門弟たちが聖書を紛失したのだろうと、解読できないのだろうと、結局は同じことだ。というのも、聖書は読み解く鍵がなければ、もはや聖書ではなく、生だからだ」と答える。そして、「〔そのようにして〕生〔と化してしまった聖書〕を〔そのまま〕聖書に変えようとする試み」のなかに「ぼくはカフカの無数の寓話がそこへと向かっている「反転（Umkehr）」というものの意味を見ている」と述べている。

アガンベンは、ベンヤミンがカフカの寓話に見てとった、このような「生を聖書に変えようとする」「反転」の試みのうちに、ショーレムの指摘する「啓示の無」さえも無化し、法の形式がその内容の彼方で価値をもつままにさせてはおくまいとする「ベンヤミンのメシア的ニヒリズム」（I：八二頁）を見てとる。と同時に、寓話「法の前に」の田舎からやって来た男に「行く手を阻まれたキリスト教的メシア」の姿を見ようとするクルト・ヴァインベルクの研究『カフカの作り話（*Kafkas Dichtungen*）』（一九六三年）から示唆を得て、「到来する者」についてのいくつかのハーガッダーを含む一五世紀のあるヘブライ語写本に挿入された一枚の細密画に思いを致す。そして、その絵のなかで、聖都イェルサレムに向けて大開きになった門の前で停止した馬上のメシアと門のあいだに立って、門のほうを指で示している、おそらくは預言者エリヤではないかと推測される若者の像に、カフカの寓話のなかの田舎からやって来た男を重ね合わせる。

見るところ、どうやら若者の務めは、メシアが入るのを準備し、容易ならしめることのようである。だが、これは逆説的な務めと言うほかない。というのも、門は大開きになっているからだ。ところが、まさに門が大開きになっていることが、メシアの入場を阻止している。したがって、若者の務めは、門番にたいして門を閉めるように強制することにある。これは、とりもなおさず、カフカの寓話のなかの田舎からやって来た男が置かれている状況でもある。そうであってみれば、男が最後に門番に「門を閉めるぞ」と言わせたのは、男に託されていた「メシア的任務」の達成をこそ意味しているのではないか。

こうアガンベンは寓話「法の前に」でカフカの意図したところを読み解いてみせるのである。

6

アガンベンは、カフカの寓話を題材に採った「主権の逆説」についての考察を締めくくるにあたって、次のように書いている。

わたしたちの時代が思考に課している務めは、法の極端にして乗り越え不可能な形式が意味をともなわずに効力を維持している状態にあることをたんに認めることではありえない。このような認識にとどまる思考はすべて、わたしたちが主権の逆説（あるいは主権による禁令＝追放）と定義した存在論的構造を反復するだけである。実のところ、主権とはまさしく、この「わたしたちがそこへと遺棄されてある、法の彼方の法」、すなわちノモスがみずから前提する権力のことであり、遺棄の存在をあらゆる法観念（それが意味をともなわない実効性という空虚な形式においてのものであれ）の彼方で思考することができて初めて、主権の逆説から脱して、いかなる禁令＝追放からも解き放たれた政治へとおもむくことができると言ってよいだろう。（Ⅰ：八九―九〇頁）

このアガンベンの言葉を心にしかと刻みつけて、わたしたちもまた「政治を関係の彼方で思考する」ことを試みる必要がある。

第IV章
例外状態

II-1『例外状態』(2003年)

1

《ホモ・サケル》プロジェクトのII－1『例外状態』（二〇〇三年）のエピグラフには、「なぜあなたがた法学者はあなたがたの職務について黙して語らないのですか？」という法学者たちへの問いかけの言葉が掲げられている（II－1：五頁）。

本書のイタリア語初版が刊行されてまもない二〇〇四年夏、オンライン誌『経済・財政高等教育（*Scuola superiore dell'economia e delle finanze*）』の第一年第六―七号に、ジャンルーカ・サッコによるアガンベンへのインタヴュー記事「政治神学から経済神学へ（Dalla teologia politica alla teologia economica）」が掲載された。当時はまだ題名が決まらないまま《ホモ・サケル》プロジェクトのII－2として予定されていた著作、すなわち最終的にII－4に配されることになった『王国と栄光――経済と統治の神学的系譜学のために』の構想について語ったものだったが、そこでのアガンベンの証言によると、この問いかけはイタリア・ルネサンス期の人文主義法学者アルベリーコ・ジェンティーレ（ジェンティーリ）（一五五二―一六〇八年）の言葉「神学者よ、他人の職務には口出しするな」をもじったものだという。『例外状態』は、法学者たちが「黙して語らない」でいる一つの主題、すなわち「例外状態」という主題に探査の測鉛を下ろそうと試みたものである。

例外状態については、カール・シュミットが『政治神学』で「主権者とは例外状態にかんして決定をくだす者を言う」と定義して以来、とりわけ政治哲学者のあいだでは主権との関係においてさまざまな議論の的となってきた。しかし、アガンベンの診断によると、肝腎の法学者、とりわけ公法学者のあいだでは、それが法理論上の問題として正面から取り上げられることはほとんどないまま今日にいたっているという。

理由としては、まず、おおかたの法学者の目には、例外状態の問題は法理論上の問題というより、たんなる事実問題であるように映った、ということが挙げられる。これには「必要は法律をもたない(necessitas legem non habet)」という古くからの格言が、さらなる拍車をかける。例外の根拠となっているのは緊急の必要ということである。だとすれば、必要は法律をもたないのであって、たとえば内戦とか蜂起とかレジスタンスといったような必要状態＝緊急事態に直面してとられる例外的な措置は、もっぱら主権者の決定にゆだねられる。すなわち、例外状態にかんする問題は、ことがらの性質上、何よりも政治的領域で把握されるべきものであり、憲法ないし一般に法の領域では把握されえないというのが、この問題を法学者たちが自分たちの本来的な職務として引き受けようとしない最大の言い分をなしている。

しかしながら、もしそうだとするなら、それらの例外的手続きは法の地平では把握されえない法的手続きという逆説的な状況のもとに置かれていることになり、例外状態というのは法律的形態をとることのできないものが法律的形態をとって現われたものであるということになってしまうのではないか、とアガンベンは疑問を呈する。

そのうえで、さらにこう問い返す。例外状態というのは、確かに法律が部分的ないし全面的に一時停止した状態のことであろう。だが、このことは、ただちに法の撤廃を意味するものではないのではないか。むしろ、一部の法学者が言うように、それは政治的なものと法的なものが未分化のまま交叉する両義的な縁《へり》あるいは〈閾《いき》〉に位置していると見るほうが当たっているのではないか。そして、もし例外というのが、法が生に関連させられ、みずからの一時停止をつうじて生をみずからのうちに包摂しようとする独自の装置だとするなら、例外状態についての理論は、生きているものを法に結びつけると同時に見捨ててしまうような関係、すなわち、《ホモ・サケル》プロジェクトにおいて問題中の問題として考察全体の中心に設定されてきた生政治的な関係を定義するための前提条件になるのではないか、と。

かくしてアガンベンは、公法と政治的事実のあいだ、また法秩序と生のあいだに横たわる、この「無主の地」の探索におもむく。アガンベンが期待を込めて語っているところによると、「おそらくはそのとき初めて、西洋政治史において鳴りつづけることをやめないでいる問い、すなわち政治的に行為するとは何を意味するのかという問いに答えることが可能となるだろう」（Ⅱ-1：九頁）というのだ。

2

おおよそ以上のような問題設定のもと、まず第一章「統治のパラダイムとしての例外状態」では、二〇〇一年九月一一日の朝、イスラーム過激派組織アルカイーダに所属するメンバーがボストン、ダレス、ニューアークを発った四機の旅客機をほぼ同時にハイジャックし、ニューヨーク・マンハッタンのワールド・トレード・センターとワシントンDCのペンタゴンといったアメリカ合州国中枢部を襲撃し、飛行機を爆発炎上させて一万人以上の死者を出すという、いわゆる「アメリカ同時多発テロ」事件があったあと、「テロリズムにたいする戦争」を名目にしてアフガニスタンに侵攻してきたアメリカ合州国軍によって捕えられ、グアンタナモ基地に収監されたタリバーンの兵士たちにたいする処遇を引き合いに出す。そして、現代世界はいまや「世界的内戦」の状態にあるという指摘がなされたうえで、そこでは例外状態こそが規則ないし通常の状態と化し、「統治のパラダイム」になってしまっていることが確認される。

また、例外状態のこのような「統治のパラダイム」化という事態は、二度の世界大戦のあいだにももろもろの例外的措置が講じられるなかで、三権分立を原則とする、いわゆる民主主義諸国においても進行することになった執行権力の漸進的な拡大の結果として生じたものであることに注意喚起がなされる。そして、そのような執行権力の漸進的な拡大は不可避的に全体主義体制へと導いていくことにならざるをえないことが、スウェーデンの法学者ヘルベルト・ティングステン（一八九六—一九七三年）の『全権——大戦中と戦後の統治権限の拡大（*Les pleins pouvoirs: l'expansion des pouvoirs gouvernementaux pendant et après la grande guerre*）』（一九三四年）から、カール・ヨアヒム・フリードリヒ（一九〇一—八四年）の『立憲政府と民主主義（*Constitutional Government and Democracy*）』（一九四一年）を経て、クリントン・L・ロシター（一九一七—七〇年）の『立憲独裁——現代民主主義諸国における危機統治

（*Constitutional Dictatorship: Crisis Government in the Modern Democracies*）』（一九四八年）にいたる「立憲独裁」をめぐる議論の検討をとおして明らかにされる。

いかにもベンヤミンの徒にふさわしく、論述のスタイルはソナタ形式の秩序だった論証というよりも、断片的なアフォリズムの累積に近い。しかし、考察は一つ一つが教示に富んでいて、読者を深い思索へといざなう。たとえば、一九〇八年一二月にメッシーナとレッジョ・カラーブリアで地震が発生したさいに戒厳令が布告されたときには「必要は法律をもたない」という原則を既存の法秩序の擁護のために持ち出していたイタリアの法学者サンティ・ロマーノ（一八七五―一九四七年）が、一九四四年に新憲法の創設が課題として浮上してきたさいには、同じ原則を革命の正当化のために利用するにいたっているという指摘なども、その一つである。

3

アガンベンも示唆しているように、このロマーノの事例がわたしたちに物語っているのは、戦争と内乱、そして革命と反革命の激動の世紀を生きのびた一人の法学者のたんなる日和見主義的な「変節」のたぐいではない。そうではなく、例外状態というものが本質上「事実（factum）と法＝権利（ius）が互いのうちへと消え去ってしまうような決定不能性の閾」（II - 1：六〇頁）にほかならないということ――この事実をこそロマーノの事例は物語っているのである。

次に、第二章「法律‐の‐力」は、例外状態をめぐる現代の議論の基礎を据えたと目されるカール・シュミットの学説を『独裁』（一九二一年）と『政治神学』（一九二二年）の二著に焦点を絞って陳述したものである。そこでは、これら二著のあいだの問題意識の異同についての、それ自体なかなか鋭利な分析もさることながら、ジャック・デリダの一九八九年の講演「法律の力――権威の神秘的基礎」に言及しつつ、そもそも「法律の力」とは何を意味するのかと問うて、その語句は、近代の学説においても古代の学説においても、法律自体ではなく、危急の場合に執行権力が布告することを認可されている、法律の力をもった一連の政令を指して言われていることに注意が喚起されているのが目を引く。

アガンベンの理解によると、例外状態というのは、このような「法律なき法律‐の‐力」あるいは「法律‐の‐力」が賭け金になっているようなアノミー的空間のことにほかならない。そして、このことは、とりもなおさず、ある規範を適用するためには、その適用を停止し、一つの例外をつくり出す必要があるということを意味している、と言う。これもまた、わたしたちを深い思索へといざなってやまない指摘である。

さらに、第三章「ユースティティウム」では、例外状態についての近代の理論が直面しているアポリアを解きほぐすための糸口を古代人の知恵に求めて、ローマ法において「ユースティティウム(iustitium)」と呼ばれていた「法の停止」制度への系譜学的な調査がくわだてられている。そして、その調査の結果は、

(1)例外状態は、独裁ではなく、法が空白になってしまう空間であり、すべての法的規定が作動しなくなるアノミーの地帯であること
(2)そのような法の空白は、法にとって絶対に思考不可能なもののように見えるが、この思考不可能なものは、法秩序にとって、あらゆる犠牲をはらってでも取り逃がしてはならない戦略的重要性を帯びていること
(3)ユースティティウムのあいだに犯される行為は、法にたいして一つの絶対的な非‐場に位置すること
(4)このような定義不可能性や非‐場に対応するものこそ、「~~法律~~‐の‐力」という考えであること

の四点に概括される。例外状態の起源をめぐるこのような古代ローマ法の世界への系譜学的な探求の試みも注目に値する。とりわけ、他にほとんど依拠すべき先行研究がないなかでアードルフ・ニッセン（一八三二―一九〇八年）という一九世紀ドイツの法学者の『ユースティティウム――ローマ法史の観点からの一研究（*Das Justitium: eine Studie aus der römischen Rechtsgeschichte*）』（一八七七年）を手がかりにしつつなされるユースティティウムについての分析は、ローマにおける「支配の奥義（arcanum imperium）」がいかに巧みなものだったかを再確認させてくれる。

4

しかしながら、圧巻は何といっても、シュミットとベンヤミンの関係について論じた第四章「空白をめぐる巨人族の戦い」である。

両者の関係については、ナチスの独裁体制に理論的基礎を提供したということですこぶる評判の悪いシュミットの主権論にベンヤミンがことのほか熱い興味を示したということが、従来しばしばスキャンダルの的になってきた。これにたいして、アガンベンはスキャンダルを反転させる。そして、シュミットの『政治神学』における主権論は、ベンヤミンが一九二一年に公表した論考「暴力批判論」への応答として読まれうることを論証しようとする。もう少し具体的に言うなら、ベンヤミンが「暴力批判論」で法措定的暴力と法維持的暴力に先立って純粋でアノミー的な神的暴力が存在することを主張したのにたいして、シュミットのほうは、そのような純粋暴力を法的コンテクストのうちに引き戻す目的で例外にかんして決定する者としての主権者という概念を持ち出してきたということを論証しようとしているが、論証には反論にも十分に耐えうるだけの説得性があると言ってよい。

一方、ベンヤミンへのシュミット主権論の影響という点にかんしても、『ドイツ悲劇の根源』（一九二八年）のなかでバロック的主権について論じたさい、ベンヤミンがシュミットの主権者規定に修正をほどこして、例外にかんして決定するのではなく、「例外を排除する」という機能を主権者＝君主にあてがっていることにアガンベンが注意を促しているのが目を引く。この文献学的事実にアガンベンはベンヤミンとシュミットの関係について論じたサミュエル・ウェーバー（一九四〇年生）の論考「決定に異議を唱える（Taking Exception to Decision）」（一九九二年）における指摘を受ける形で読者の注意を喚起するのだが、「決定する」を「排除する」に取って代えるというのは、確かにアガンベンの言うとおり、シュミットの定義を継承するふりをしながら、それをこっそり変質させてしまうに等しい所作と言わざるをえないだろう。アガンベンが的確にも指摘しているように、「シュミットにとっては決定が主権と例外状態を結合させる連関であるとするならば、ベンヤミンのほうは主権的権力をその執行からアイロニカルに切り離し、バロックの主権者は憲法上決定不可能性のうちにあるということを証明しようとする」（Ⅱ‐1：一一二頁）のである。

そして、その先に展望されているものは何かといえば、カタストロフィーでしかない。そこでは「例外状態はもはや、その停止状態のうちにあって効力を発揮する法律の力によって内部と外部、アノミーと法的コンテクストとのあいだの節合を保証する閾としては立ち現われない」（Ⅱ‐1：一一五頁）。そこに現出するのは、むしろ「被造物の領域と法秩序とが同じひとつの破滅のなかに巻きこまれるような、アノミーとも法とも絶対的に決定しがたいひとつの地帯」（Ⅱ‐1：一一五頁）なのだ。

アガンベンは、ベンヤミンの「暴力批判論」で純粋暴力によってなされていた法措定的ならびに法維持的暴力の仮面剝奪には、同じくベンヤミンのフランツ・カフカ論（一九三四年）における「もはや実地には用いられず、もっぱら勉学されるだけの法こそは、正義の門である」という主張が対応していることに注意を喚起している。そして、そのような「もはや実地には用いられず、もっぱら勉学されるだけの法」の勉学に没頭して、法を不活性化し、無活動の状態に追いやってしまおうとするカフカの小説「新しい弁護士」の主人公の「勉学的遊戯」の行き方にベンヤミンともども心からの共感を寄せつつ、こう記している。

いつの日か、人類は法でもって戯れるときがくるだろう。それはちょうど子供たちががらくたを使って遊ぶのに似ている。それも、それらをそれぞれの規範的な使い方に戻すためではなく、そうした使い方から最終的に解放するためにである。（Ⅱ－1：一二八頁）

同じ解釈は二〇〇五年に出版された『瀆神』に収録されている「瀆神礼賛」という短いエッセイのなかでも提示されているが、ここからは、メシア到来ののちに予想される「到来する共同体」のイメージが、確かに浮かび上がってはこないだろうか。「プロローグ」でも紹介したように、まさに『到来する共同体』と銘打たれた一九九〇年の著作にはこうあったのだ――「アイデンティティをもたない単独性」のみにもとづく共同体、何らかの属性によって帰属が決定されるのではなく、およそいっさいの属性にたいするまったくの無関心のもとで、各自が何であれ現にあるようなものとして単独的に存在しているという事実の分有のみにもとづいて成立しているような共同体、それが到来する共同体である、と。

5

ローマ共和政の終焉後、動乱に対処するためにおこなう法の停止としてのユースティティウムは存在することをやめた。そして、代わって出現した君主（元首）政体のもとでは、ユースティティウムは、主権者やそのごく身近な親族の死にたいする公的な服喪という新しい意味を獲得するにいたった。第五章「祝祭・服喪・アノミー」では、この意味論上の進展、すなわち、例外状態とアノミーが主権者の人格のうちへと直接に組み入れられ、主権者が法へのあらゆる従属からみずからを解き放つにいたった経緯が、君主による統治が確立されるのと同じ時代に新ピュタゴラス派の内部で練り上げられた「生きた法律としての主権者(basileus nomos empsychos)」という定式に即して明らかにされる。

さらに、第六章「権威と権限」では、ローマにおけるユースティティウム＝「法の停止」の宣言は元老院の最終議決にもとづいてなされたという事実と、紀元前二一一年にハンニバル(前二四七頃―前一八三／二年)がローマに接近するという、例外状態のうちでも極限的な事例に直面したとき、元老院が最終議決によって、元独裁官、元執政官、元査定官の最高命令権を復活させた、一見したところでは正反対の事実を挙げる。そして、その根底には元老院議員たちの「権威(auctoritas patrum)」が作動していたこと、そして人民とその代表者である政務官たちによって行使される「最高命令権(imperium)」や「権限(potestas)」とは区別された元老院議員たちの権威こそがローマの国法における元老院に特有の機能を定義する術語であったこと、一九二四年に公表された「アンティオケイア碑文」に刻まれている『神君アウグストゥスの業績録』でも、皇帝オクタウィアヌス(アウグストゥス)(在位前二七―後一四年)が権威こそ元首に固有の地位の基礎であると主張していることに注意が喚起される。

そのうえで、西洋の法体系は、異質ではあるが同格の二つの要素、すなわち、一方における狭い意味での規範的かつ法的な要素──「権限」──と、他方におけるアノミー的でメタ法的な生の要素──「権威」──からなる二重構造として立ち現われていること、ひいては、例外状態というのは、究極においては、アノミーとノモス、生と法、権威と権限がどちらともつかない決定不能性の状態にある〈閾〉を設けることによって、法的‐政治的な機械の二つの側面を分節すると同時に、二つながら保持するための擬制的な装置にほかならないことが、これまでの調査から判明するとしている。

次いで、わたしたちは現在、ベンヤミンが遺稿「歴史の概念について」（「歴史哲学テーゼ」）のなかで「通常の状態と化してしまった」と述べている例外状態のもとで生きていることを再確認したのち、アガンベンはその緊張に満ちた例外状態の場にあっては、ものごとを制定し設定する力とものごとを不活性化し撤廃する力という二つの対立しあう力が働いているとする。そして、例外状態のもとで生きるということは、この二つの力を二つながらに経験することを意味すると同時に、二つの力を折あるごとに分離することで、西洋を世界内戦に導きつつある統治機械の作動を中断させることを休むことなく試みることを意味している、と述べる。

さらには、「法を生との非‐関係において提示し、生を法との非‐関係において提示することは、両者のあいだにかつては「政治」という名前をみずからに要求していた人間的活動のための空間を開示することを意味している」（Ⅱ‐1：一七八頁）とも。これは《ホモ・サケル》プロジェクトのⅠ『ホモ・サケル──主権的権力と剝き出しの生』（一九九五年）のなかで、カフカの寓話「法の前に」を題材に採った「主権の逆説」についての考察を締めくくったさいの、「遺棄の存在をあらゆる法観念〔…〕の彼方で思考することができて初めて、主権の逆説から脱して、いかなる禁令＝追放からも解き放たれた政治へとおもむくことができると言ってよいだろう」（I：九〇頁）という述言と、みごとに一致する述言である。

政治をあらゆる関係の彼方で思考することこそが《ホモ・サケル》プロジェクトの目標だったことが、ここからも立証される。

補論　「夜のティックーン」

1

本章の第4節で言及した「到来する共同体」といえば、この語を表題に掲げた『到来する共同体』（一九九〇年）の新版が二〇〇一年に出た。そこには「夜のティックーン」と題された傍注が付されている。

ユダヤ神秘主義の理論家イツハク・ルリア（一五三四―七二年）のカバラー神話におけるキータームの一つに、「ティックーン」という語がある。ゲルショム・ショーレムの『ユダヤ神秘主義』（一九五七年）によると、「壊れた器（世界）の修復」を意味するヘブライ語であるという。

この語をタイトルに掲げた雑誌『ティックーン（*Tiqqun*）』が、一九九九年、パリで急進左翼グループによって創刊された。執筆者は、いずれも個人名を秘匿して「ティックーン」と名乗っている。文体の特徴と政治的メッセージのラディカルさから推察するに、一九六八年の「五月革命」で活躍した「アンテルナシオナル・シチュアシオニスト（状況主義インターナショナル）」の流れを汲むメンバーが中心となって創刊した雑誌のようである。ただし、雑誌は二号が出たきりで、グループは二〇〇一年の「九・一一」後に解散している。「夜のティックーン」は、その解散した『ティックーン』誌グループへの追悼の辞とおぼしき傍注である。

もっとも、アガンベンの傍注で『ティックーン』誌グループへの明示的な言及がなされているわけではない。また、ユダヤ教ではシャバト、すなわち安息日の夜に、信徒たちが聖書各巻の最初と最後を読んで、世界の修復を祈願するしきたりがあったという。「夜のティックーン」というのはこのユダヤ教のしきたりを指しているものと思われるが、傍注にはこの点についての言及もない。

ただし、ユダヤ教のシャバト＝安息日への言及自体は、傍注にも登場する。そこでは、ユダヤ教では安息日に人々はあらゆる生産的な仕事を控えなければならないと定められているとしたうえで、前年の二〇〇〇年に上梓したばかりの聖パウロ論『残りの時——「ローマ人への手紙」への註解』への参照を暗々裡に求めつつ、「仕事をしないでいることは怠惰を意味するものではなく、カタルゲーシス〔katargēsis：不活性にすること〕を意味している」との説明が与えられている（一四七頁）。そして、「このような意味での「仕事をしないでいること」を陳述することが本書の仕事であった」（一四七頁）と締めくくられている。傍注「夜のティックーン」が『ティックーン』誌の休刊を惜しんで書かれたものであることは、ほぼ間違いないのではないかと思う。

アガンベンと『ティックーン』誌グループのあいだに浅からぬ関係があったことをうかがわせる証拠は他にもある。

傍注「夜のティックーン」では、「労働ではなく、無為と脱創造行為こそが到来する政治のパラダイムをなす」と宣言されたうえで、そうした無為ないし活動の不在を象徴するものとして「ブルーム

(bloom)」という存在が例に引かれているが（一四六―一四七頁）。頭文字が小文字になっているが普通名詞ではなく、ジェイムズ・ジョイス（一八八二―一九四一年）の小説『ユリシーズ』（一九二二年）の主人公レオポルド・ブルームをモデルに見立てた人物の名前である。『ティックーン』誌第一号に掲載されている論考「ブルームの理論」に、晩期資本主義時代における「スペクタクルの社会」（ギー・ドゥボール）のなかで近代的な自我を喪失し、ニヒリズムの極致をかいくぐって「仮面を被った無」と化してしまった"homme ordinaire"＝「標準的な一般人・凡人」の代表として登場する。

この「ブルーム」なる人物が、無為ないし活動の不在を象徴する事例として挙げられているのだ。それも、何あろうか、アガンベン自身が『到来する共同体』の本論で古今の文献を渉猟しつつその意義の闡明に努めている「なんであれかまわない存在（essere qualunque）」（八頁）、すなわち、個別と普遍の区別以前のところにあって、ただそのようにあるがままに存在している単独的にして共通的な存在、そしてアガンベンによって「みずから無能力であることができる存在」（五〇頁）と規定されている存在と並べて、である。

しかも、この並置には、それなりの根拠があるのだった。『到来する共同体』の最終章「天安門」を見てみよう。そこでアガンベンは「あらゆるアイデンティティ、あらゆる所属の条件を拒否する、なんであれかまわない単独者こそは、国家の主要な敵である」（一一〇頁）と宣言している。そして、「これらの単独者たちが彼らの共通の存在を平和裡に示威するところではどこでも天安門が存在することだろう。そして遅かれ早かれ戦車が姿を現わすだろう」（一一〇―一一一頁）と締めくくっているが、「ブルームの理論」にも、"homme ordinaire"の「無限の神秘」を前にして統治者たちはひそかに震えおののいている、という一節が出てくる。ここには、展望の面でも、双方のあいだに確かに響き合うものがあることが聞きとられるのではないだろうか。

「ブルームの理論」では、アガンベンが一九九五年の『ホモ・サケル』で解明に努めた主権と「剝き出しの生」のあいだの「生権力」的な関係について立ち入った言及がなされていることにも注意しておこう。

2

雑誌『ティックーン』に結集したグループは、自分たちを「想像上の党（Parti Imaginaire）」のメンバーと称していた。そして、その党を「支配がみずからを可視性の独裁ならびに可視性としての独裁、要するにスペクタクルとして押しつけてくるような歴史的時期において矛盾がとる特別の形態」と規定し（"Thèses sur le Parti Imaginaire", *Tiqqun*, 1）、さらにその革命的‐実験的な一翼に「不可視委員会（Comité invisible）」なる委員会が存在すると告げていた（"Introduction à la Guerre Civile", *Tiqqun*, 2）。

その「不可視委員会」を名乗るグループの共同執筆になる『到来する蜂起（*L'insurrection qui vient*）』という本が、『ティックーン』誌の版元でもあったパリのラ・ファブリック社から二〇〇七年一二月に出版された。

本は当初、ほとんどメディアの目にとまるところにならなかったようである。しかし、本が出て一年八ヵ月が過ぎた、二〇〇八年一一月一一日早朝のことである。フランス中南部の小村タルナックで共同生活を営んでいた九名の若者が「対テロ実行部隊」の強襲を受け、三日前にフランス高速鉄道（TGV）パリ‐リール間のカテナリー（架線）に仕掛けられた破壊工作の容疑で逮捕されるという事件が起きる。そして、彼らの押収物のなかにあったということで、同書は一躍メディアを賑わすことになった。「アナルコ・オトノムたち（anarcho-autonomes）のバイブル」、「テロのマニュアル」等々と。

反響はフランスだけでなく、アメリカ合州国をはじめ海外にまで及んだ。二〇〇九年に英語訳が出たのに続いて、二〇一〇年には日本語訳が『来たるべき蜂起』という表題で彩流社から出る。日本語版では、原著の流儀に倣ったのだろうか、訳者名も「『来たるべき蜂起』翻訳委員会」となっている。また、日本語版には、タルナック事件直後の二〇〇九年一月に「不可視委員会」によって執筆され、頒布されたテクスト「焦点を合わせる」の訳文が併録されているほか、事件に批判的に介入した三本の文章――ジョルジョ・アガンベン「テロリズムあるいは悲喜劇」、エリック・アザン＋アラン・バディウ「テロリストはどこにいるか」、エリザベート・クラヴリー＋リュック・ボルタンスキー「キリスト像かカテナリーか――宗教的冒瀆から世俗的冒瀆へ」――が訳載されている。

これらのうち、アガンベンの文章は、事件直後の二〇〇八年一一月一九日付『リベラシオン（*Libération*）』紙に発表されたもので、この「不可解な」逮捕事件から導くことのできる唯一の結論は「今日、社会問題ないし経済問題のきわめて疑わしい処理の仕方にたいして積極的に抗議しようとする者は、告発に値するようないかなる現実的行為をともなわなくとも、それだけで潜在的なテロリストとみなされるということだ」との診断がくだされるとともに、今回とられたもう一つの深刻な措置として共謀罪なる法律が適用されたことが挙げられている（一六〇頁）。アガンベンによると、このことによって政治行為そのものが「テロリスト的」行為に分類されてしまうという「かつてない事態」が生じた、すなわち、政治行為そのものが恐怖をもたらすものとみなされることになったというのだった（一六〇頁）。

それにしても、この『到来する蜂起』／『来たるべき蜂起』は何と挑発的な本であることか。

どの角度から接近してみても、現在に出口はない。このことは、現在のもつ美点のうちでも、けっして最小の美点ではない。〔…〕「未来には未来がない」というのは、完璧な正常性を装いながらも初期パンクの意識レヴェルにまで到達した時代の知恵なのだ。

序では、開口一番、そう宣言されている。そして、本論では、まずもって「出口のない現在」の諸相が、個人、社会、労働、メトロポリス、経済、環境、文明をめぐる七つの「環」に腑分けして分析される。その分析の結果、「カタストロフはこれからやって来るのではなく、現にそこにある。わたしたちは、すでに一つの文明が崩壊するうねりのなかにいる」との確認がなされたうえで、自分たちが資本と結託した国家権力とのあいだで戦われている社会戦争＝内戦（guerre civile）のパルチザンであるという意識を取り戻して、蜂起のロジックに参入し、「統治者たちの声のうちにけっして解消されないかすかな恐怖の震えを聞きとる」こと、ひいてはいっさいを蜂起のプロセスとして構築することの必要性が力説されている。「蜂起以上にありそうもないものはないが、蜂起以上に必要なものもない」というのだ。権力への大胆不敵な挑戦状と言うほかあるまい。

だが、原著にもまして過激なのは、日本語版の『来たるべき蜂起』翻訳委員会のほうである。『ティックーン』誌第二号に発表された「批判的形而上学なるものが誕生するとしたなら装置の学としてであろう」という論考がある。この論考の日本語訳に加えて、福島第一原子力発電所の事故をあいだにはさむ二〇一一年二月から翌年一月にかけて『来たるべき蜂起』翻訳委員会が公表してきた四本の論考を収めた『反‐装置論』と題する本が二〇一二年に以文社から出版されたが、そこでは「新しいラッダイト的直観の到来」が言祝《ことほ》がれ、「徹底して反社会的たれ」との呼びかけがなされている。「不可視委員会」は、なおもコミューンに期待を寄せていた。蜂起のなかで「人々が出会い、意気投合し、共に歩んでいこうと決めたときに生起する」コミューン。そのようなコミューンとしてみずからを組織することの必要性を主張していた。そして、翻訳委員会も、『来たるべき蜂起』へのあとがきでは「蜂起するコミュニズム」について語っていた。

ところが、「三・一一」後、翻訳委員会はそのようなコミューンへの夢そのものを捨て去ってしまったようである。

> 装置の装置である原発は微粒子となって飛散し、社会の「絆」をすみずみにゆきわたらせる。〔…〕この被曝イメージの遍在による捕獲をしりぞけるために、われわれはごく端的に反社会的

でなければならない。

これが「三・一一」後に翻訳委員会の到達した新たな立ち位置である。アナーキー、ここに極まれり、といったところだろうか。論考は、最後に「テロリストの覚醒を生きる歓び」を謳歌して締めくくられている。

第V章

オイコノミア

II-4『王国と栄光』(2007年)

1

アガンベンは、《ホモ・サケル》プロジェクトのⅡ－4に配されている『王国と栄光――経済と統治の神学的系譜学のために』（二〇〇七年）の「序言」で、「本研究は、西洋において権力が「オイコノミア（oikonomia＝経済、経綸）」という形態、すなわち人間たちの統治という形態を引き受けるようになった、その様態と理由の数々を探究しようと提案するものである」と宣言している。ひいては、「本研究はミシェル・フーコーによって着手された統治性の系譜にかんする研究の延長線上に位置してはいるが、フーコーの研究が完了にいたらなかったのはなぜか、その内的理由を理解しようとするものでもある」と（Ⅱ－4：九頁）。

そして、「現在を理論的に問いただすことは過去の上に影を投げかける」としたうえで、その影はフーコーの系譜学が設定した時間的遡及の境界をはるかに超え、「三位一体性にかんする教説がオイコノミアという形で不確かながらも初めて作り上げられた」キリスト教神学の最初の数世紀にまで達している、と指摘している（Ⅱ－4：九頁）。

かくして、統治機械が分節化される場を構成する要素――ないし極性（polarità）――は、父・子・聖霊からなる三位一体的オイコノミアという装置においてこそ、いわばパラダイム的な形で現われている、との見地に立ったところから、統治なるものを三位一体的オイコノミアにかんする神学的トポスのうちに位置づけ、三位一体的オイコノミアという装置が統治機械の機能と分節化を観察するにあたって、いかに特権的な実験室たりうるかを示す必要性をアガンベンは宣言する。じつにチャレンジングで、読者の期待をいやがうえにも高めさせてやまない宣言である。

2

本論では、まず「二つのパラダイム」と題された第一章で、主権的権力の超越性を単一の神において基礎づけようとする「政治神学（teologia politica）」と、主権的権力の超越性ではなく、オイコノミア、すなわち、アリストテレスがポリス（polis＝国）の統治ないし支配と区別して設定したオイコス（oikos＝家）の統治ないし運営・経営という、内在的理念を中心に据えた「経済神学（teologia economica）」との、互いに背反しながらも機能上は結びついている、西洋社会の展開に決定的な影響を及ぼしてきたと目される二つの広い意味での政治的パラダイムが、いずれもキリスト教神学に由来することを系譜学的に明らかにするのが本研究の目的であることが再確認される。そのうえで、続く第二章から第七章では順次「オイコノミアの神秘＝秘儀」、「存在と行動」、「王国と統治」、「摂理機械」、「天使論と官僚制」、「権力と栄光」というテーマをめぐって、とりわけキリスト教神学の最初の数世紀に、どのような議論が展開されたのかが原典資料の緻密な読解をとおして解明されていく。

そして、「栄光の考古学」と題された最終第八章では、その結論部分にあたる第二二節から第二六節にかけて、これまで復元に努めてきた神学的オイコノミアにおいては「栄光（gloria）」は「無為（inoperosità）」と密接に結びついていたことに注意が喚起される。栄光は人間の最終目的を名指し、最後の審判のあとに続くありようを名指すものである以上、あらゆる活動、あらゆる働きの停止、つまりは無為と一致するという。と同時に、神にとっても人間にとっても最も固有の次元としてのこの無為はユダヤ教において「安息日」という壮大な譬喩を見いだしていたことに想起を促して、そうであってみれば、いまやわたしたちに残されているのは、栄光と安息日のあいだのこの親密性の意味を問うことである、と主張している。

では、この親密性の意味はどこに見いだされるのか。統治装置の中心は空虚であって、そこには「安息日」という形で形象化された無為しか存在しない。しかし、この無為こそは統治機械にとってなくてはならぬものであって、栄光という形で統治機械の中心に何としてでも引き受けられ、維持されなければならない――これがアガンベンの回答である。

それにしても、なぜ権力は無為と栄光を必要とするのか。「永遠の生（chayye ʻolam, zōē aiōnios）」というのがユダヤ教においてもキリスト教においても答えである、と旧約聖書『ダニエル書』一二・二とパウロの手紙を引証しながらアガンベンは言う。とりわけパウロの場合には、「永遠の生」というテーマはただ最後の審判のあとに到来する未来のありようを指し示すだけでなく、メシア的時間――「今という時間（ho nyn kairos）」――における生のありようをも指し示していることに、アガンベンは注意を促す。そこでは、メシアと法のあいだの関係を表現するために「働かなくする（katargein）」とか「……ではないかのように（hōs mē）」という語が使われていることを証拠に挙げながら、である（パウロについては、すでに二〇〇〇年の『残りの時』でも立ち入った考察がなされていた）。

さらに、最終第二六節では、スピノザが『エチカ』第五巻の定理三六で「神にたいする精神の知的な愛」は「神が自分自身を愛するさいの愛」にほかならないとするとともに、神にかかわるものであれ、精神にかかわるものであれ、この愛はまさしく霊魂の「安息（acquiscentia）」と呼ばれうるものであり、一方、「霊魂の安息は栄光と区別されない（animi acquiscentia [...] revera a gloria [...] non distinguitur）」以上、それが聖書において「栄光」と呼ばれているのも不当ではないとしていること、その「安息」については第四巻の定理五二の証明のなかで「安息はそれ自体においては人間が自分自身と行為できるという自分の能力を観想すること（quod homo se ipsum suamque agendi potentiam contemplatur）から生じる歓喜である」と述べていることに注意を促している（Ⅱ-4：四六七—四六九頁）。

そして、「人間が「自分自身と行為できるという自分の能力を観想する」とはどういう意味なのか、この観点から「栄光と区別されない」無為をどう理解すればよいのか」（Ⅱ-4：四六九頁）と問いを投げかけて、考察の全体は閉じられる。この問いかけは、「わたしたちが無為と定義してきた、生きている人間に特有の実践を、栄光が「永遠の生」としてふたたび覆い隠して捕捉しようとしているかどうか、そして〔…〕無為によってビオスとゾーエーの双方を脱臼させることから出発して——オイコノミアと栄光の彼方で——政治を思考することができるかどうかということこそが、来たるべき研究に依然として任務として割り当てられていることである」（Ⅱ-4：四八四頁）という第八章に付されている「閾《いき》」（「境界線」）の最後の述言ともども、しかと受けとめて心に銘記しておくべきではないかと思う。

3

『王国と栄光』には、他にもいくつもの注目に値する点、しかと受けとめて研究の課題として深めるべき点がある。

第一章第二節の注では、「世俗化」をめぐって、それはマックス・ヴェーバー(一八六四―一九二〇年)の『プロテスタンティズムの倫理と資本主義の精神』(一九〇四―〇五年)では近代が神学の支配から脱却しつつあることを示すものと受けとめられているのとは正反対に、カール・シュミットの『政治神学』(一九二二年)では近代においても神学が作動し続けていることを示すものと受けとめられているとしたうえで、そもそも「世俗化」というのは概念ではなく、ミシェル・フーコーとエンツォ・メランドリが言う意味での「印徴(signatura)」だとされる。すなわち、ある記号や概念に印をつけて特定の解釈や領域へと送付はするが、記号的なものから外に出て、新たな意味や概念を構成することはないものである、とアガンベンは言う。

フーコーは『言葉と物――人文科学の考古学』(一九六六年)の第二章「世界という散文」の第二節「印徴」のなかで、パラケルスス(一四九三―一五四一年)の『物性論(*De natura rerum*)』の「神はいくつかの事物を隠しはしたが、特別のマークがついた目に見える外的な記号を残さないままにしておきはしなかった」という一節を引いて、「類似は印徴（signature）なしには存在しない。類似するものの世界はマークがついた世界でしかありえない」と述べていた。フーコーによると、記号に語らせてその意味を発見することを可能にする知識と技術の総体を「解釈学」と呼び、記号がどこにあるかを見分け、それらを記号として成り立たせているものを規定し、記号同士のつながりと連鎖の法則の認識を可能にする知識と技術の総体を「記号学」と呼ぶとするなら、一六世紀は解釈学と記号学を「類似」という形式のなかで重ね合わせていた。しかし、解釈学と記号学は「類似」によって完全に一致するわけではなく、両者のあいだにはわずかながらも隔たりが存在している。そこに知は固有の空間を見いだし、この隔たりを縦横に往来しながら、類似するものから類似するものへと無限にジグザグの歩みを続けなければならないというのだった。

一方、エンツォ・メランドリ（一九二六―一九三年）は、とりわけ『線と円――アナロジーにかんする論理‐哲学的研究（*La linea e il circolo: Studio logico-filosofico sull'analogia*）』と題する大著を一九六八年に世に問うたイタリアの哲学者であるが、その彼は一九七〇年の『言語と文体（*Lingua e Stile*）』誌に寄稿した「フーコーの「エピステーメー」への傍注（Nota in margine all'«episteme» di Foucault）」のなかで、まさにフーコーが『言葉と物』で指摘した解釈学と記号学のあいだの隔たりから出発して、それらの一方から他方への移行を可能にするものとして「印徴（signatura）」を定義している。「印徴」というのは「記号のなかの記号」であり、「任意の記号学のコンテクストのなかにあって任意の解釈を一義的に指示するための索引」であるというのだ。

これらの指摘を受けて、アガンベンは、印徴は概念や記号を一つの領域から別の領域へと移動させ転位させはするが、意味論的に定義し直すことはないと見る。そして、この意味では、哲学の伝統を構成している概念と見えるものも、じつは印徴なのであり、それは記号の解釈を持続的に一定の方向に差し向けていくことで特定の枢要な戦略的機能を展開している、と言う。それゆえ、フーコーの考古学やニーチェの系譜学も印徴の学なのである、と――特記に値する見解と言ってよいだろう。印徴の理論については、二〇〇四年、すでに一〇年前に故人となっていたメランドリを追悼して再版された『線と円』に寄せた序文「ある考古学の考古学」のなかでも解説されているほか、「方法について」と副題された『事物の印徴』（邦題『事物のしるし』）（二〇〇八年）で詳述されている。

4

第二章「オイコノミアの神秘＝秘儀」の考察では、もともとは「家の運営・管理」のことだった「オイコノミア」という語に「神の救済計画」ないし「摂理」という神学的意味を与えた最初の人物はパウロである、というのが一般に広く認められている見解であるとしたうえで、聖書のテクストそのものからはそのような仮説を立てる根拠は見いだされない、と主張されているのが目を引く。

アガンベンが枚挙しているのは、パウロの『コリントの信徒への手紙 一』九・一六―一七（「もしもわたしが福音を宣べ伝えるとしても、それはわたしにとって自慢になるわけではない。わたしはそうせずにはいられないのである。もしもわたしが福音を宣べ伝えないようなことがあれば、わたしに禍《わざわい》あれ。なぜなら、もしもわたしがみずから進んでそのことをなしているのであれば、報酬を受けるであろう。だが、みずから進んでないとすれば、それはオイコノミアが信用にもとづいてわたしに託された（oikonomian pepisteumai）ということなのである」）、『テモテへの手紙　一』一・四（「こういった際限のないお話や系図は、信用を得たなかにあっての神のオイコノミア（oikonomian theou tēn en pistei）ではなく、むしろさまざまな思弁を生み出す」）、『コロサイの信徒への手紙』一・二四―二六（「いま、わたしはあなたがたのために苦難を受けることにおいて喜びを感じている。そして、メシアの艱難にとって不足しているものを、わたしの肉体において〔…〕、神のオイコノミアに応じて埋め合わせている。その神のオイコノミアは神の言葉（logon tou theou）を成就するためにわたしに与えられたのであって、この世の諸時代、諸世代から隠されてきた神秘＝秘儀（mystērion）が、いまや神の聖者たちに明らかにされたのだった」）、『エフェソの信徒への手紙』三・八―九（「すべての聖者のなかでも最も小さな者であるわたしに、異教徒たちに神の計り知れない富を福音として伝え、〔…〕神のうちにこの世の諸時代から隠されてきた神秘＝秘儀のオイコノミアがどのようなものであるかを明らかにするという、この恵みが与えられたのだった」）などであるが（訳文は、いずれもアガンベンのイタリア語訳からの重訳）、たとえば、口語訳や新共同訳などにたいして忌憚のない批判をおこなってきた聖書学者の田川建三も、パウロ書簡のこれらの個所に出てくる「オイコノミア」については、いずれも「摂理」と訳している。

これにたいして、アガンベンは、まず『コリントの信徒への手紙　一』九・一七の「オイコノミア」の定義から読みとれるのは、あくまでもそれが信用にもとづいて託された活動ないし任務であるということであり、神の知性や意志にかかわる「救済計画」をうかがわせるものはそこには見当たらないと言う。そして、『テモテへの手紙 一』一・四の「信用を得たなかにあっての神のオイコノミア」というのも、同様に「神によってわたしに託された、よき運営」のことだと見る（II‐4：五四頁）。

さらに『コロサイの信徒への手紙』一・二四―二六のように、「オイコノミア」が「神秘＝秘儀」という語に接近させられているような個所でも、解釈者たちはそこに神学的意味が込められていると仮定してきたが、テクスト自体からはそのような仮定を立てる必要性は見いだされない、と主張している。文法的にも「神秘＝秘儀」は「神の言葉」と同格であって、「オイコノミア」と同格なのではない、と。

そして、『エフェソの信徒への手紙』三・八―九に登場する「神秘＝秘儀のオイコノミア」も『コロサイの信徒への手紙』のさきに見た一節を短縮したものであり、ここでもまた、テクストからは裏づけをとれない「救済計画」という意味を「実現、運営」という意味の代わりに立てることを権威づけてくれるものは何もないと言う。十分に説得力のある説明ではないかと思うが、どうだろう。

パウロ書簡に登場する「オイコノミア」を「摂理」と訳した田川建三は、『コロサイの信徒への手紙』の該当個所のなかの「神のオイコノミア」について、「オイコノミア」の語源的な意味は「家の管理・経営」のことであるが、「この個所は「神のオイコノミア」であるから、神がその「家」（つまり世界、宇宙の全体）を経営すること、つまり神の摂理を意味する」と説明している（田川 二〇〇九、四八四頁）。しかし、「神のオイコノミア」は神がみずからの「家」を経営することを意味するというのは的確な指摘だが、それを「神の摂理」と等置するのは、もし「神の摂理」が「神の救済計画」を指しているのだとすれば短絡的すぎる、とアガンベンなら言うだろう。

アガンベンの見解では、こうした等置が成り立つのは、あくまでパウロ亡きあとの二世紀から三世紀にかけて、父なる神とその息子のキリストと聖霊の三位一体性をめぐるローマのヒッポリュトス（一七〇頃―二三五年）の『ノエトス駁論（*Contra Noetum*）』やテルトゥリアヌス（一五五頃―二二〇年頃）の『プラクセアス駁論（*Adversus Praxean*）』に代表される教父神学者たちのあいだでの議論のコンテクストにおいてである。それ以前には「オイコノミア」は「神による経営・統治の活動一般」という意味にしか解されていなかったのだ。

三位一体性をめぐる二世紀から三世紀にかけての教父神学者たちの議論では、「神秘のオイコノミア」というパウロの表現が「オイコノミアの神秘」（ヒッポリュトス『ノエトス駁論』四――「父のロゴスにしてオイコノミアの神秘（tōi mystēriōi tēs oikonomias）であるイエス・キリストのなかにでなければ、どこに神があるというのか」）ないし「オイコノミアの秘跡」（テルトゥリアヌス『プラクセアス駁論』二・四――「それはまるで、神は一でありながら、すべてのものではないというかのようである〔…〕。そして、単一性を三位性へと布置するオイコノミアの秘跡（oikonomiæ sacramentum）は保護されないというかのようである」）へと転倒させられていることにもアガンベンは注意を促している。パウロにおいては神の意志や言葉の神秘を啓示ないし成就すべくなされる活動だったものが、いまやロゴスたる息子キリストの形象へと位格化され、神秘に転化する。言い換えるなら、神秘のオイコノミア、つまり神の神秘を啓示し、成就するための活動があるわけではなく、神のおこなう実践自体が神秘的なものだとされるにいたっている、というのである。

加えて、パウロが彼自身やメシア的共同体の構成員たち、さらにはキリスト自身をも指すときに用いているのは、もっぱら家の運営にかかわる語彙であって、政治的な語彙ではなかったことにもアガンベンは注意を促している。そして、『ヨハネの黙示録』ではキリストは終末論的主権者の装いをして現われ、明らかに政治的な用語、すなわち"archōn"(ウルガタ聖書では"princeps")という用語で定義されているだけに、パウロにおけるこうした語彙の選択はなおのこと意味深い、と述べている。パウロにおいてはメシア的共同体がオイコノミアにかんする経営的な用語で表象されており、政治にかんする用語では表象されていなかったということが西洋政治史においてもつ含意は、アガンベンの指摘するとおり、「なおも吟味されるべく残されたままである」(Ⅱ-4:六〇頁)と言ってよいだろう。

5

父と息子と聖霊の三位一体性を唱えた教父たちも絶対に避けたいと考えていた神の存在ないし実体(ousia)の分裂は、今度はオイコノミアの教説を介して、神の存在と実践のあいだの分裂となって浮上することになった。その間の経緯が四世紀から六世紀にかけてのアレイオス派をめぐる論争をつうじて解説されている第三章「存在と行動」の第三節も注目される。

アレイオス(アリウス)(二五〇頃―三三六年)は、『アレクサンドレイアのアレクサンドロスへの手紙』二と四で「わたしたちが知っているのは唯一の神、産出されたのではない唯一の神、アルケー

〔根源的原理〕をもたない（anarchos）唯一の神である」、そして息子は「時間のないところで父から産み出され、すべての時間の前に創造され、基礎を据えられた」と書いていた。また、キュジコスのエウノミオス（三三五頃―三九四年頃）も『信仰の説明』二―三で、父たる神だけが「アルケーをもたず」、息子のほうは「アルケーのうちにあり、アルケーなしにあるのではない」と断言していた。

それにたいして、三四三年、東西教会の統一を実現すべく皇帝コンスタンティウス二世（在位三三七―三六一年）によってセルディカに召集された司教たちのうち、西方教会の司教たちは「かりに息子がアルケーをもっていたとしたなら、息子はいついかなる場所にも（pantote）存在することはできなかっただろう。というのも、いついかなる場所にも存在しているロゴスはアルケーをもたないからである」と反論し、「いついかなる場所にも、アルケーをもたずに」存在する息子は「父とともに君臨する」と主張した。

こちらの主張のほうが最終的に七八七年の第二回ニカイア公会議で勝利することになるが、アガンベンは、この勝利したテーゼのうちに、オイコノミアの教説との整合性を見てとる。オイコノミアは神の自然本性や存在のうちに基礎をもたず、それ自体で「神秘」を構成するが、神の息子たるキリストも同様に父のうちに基礎――アルケー――をもたない。オイコノミアにおいて実践がそうであるように、キリスト論においてはロゴス、すなわち神の言葉が存在から根を引き抜かれ、アルケーをもたなくされる。キリスト論がもともと携えていたこの“anarchia”的な、つまり「アルケーをもたない（an-archico）」という意味でアナーキーな召命の意味を理解しなければ、それに続くキリスト教神学の非神学的傾向を潜在させた歴史的展開も、存在論と実践のあいだの倫理的切断をともなった西洋哲学の歴史も理解することはできない、というのである。これも、しかと受けとめて心に銘記しておきたい述言の一つである。

なお、『王国と栄光』のこのくだりは、資本主義は本質的に「アルケーをもたない」という意味でアナーキーであり、それゆえにこそたえず刷新されていく可能性を秘めていると論じた最近著『創造とアナーキー（*Creazione e anarchia*）』（二〇一七年）所収の「資本主義と宗教」にも、ほぼそのまま引かれている。

6

『王国と栄光』の続く諸章のうちでは、アーサー王伝説を騎士文学というテクストの姿に変えた一二世紀のフランス人作家クレティアン・ド・トロワ（一一三〇—九一年）の『ペルスヴァルまたは聖杯の物語（*Perceval ou le conte du Graal*）』に出てくる、魔法の槍で傷つけられて、治癒するまではいかなる具体的な統治活動からも排除され、気晴らしのために魚釣りに出かける「足萎えの王」という形象のうちに「君臨するが統治しない」という近代の君主の一種の予表を見てとった第四章「王国と統治」の記述、そしてドイツの神学者エーリク・ペーターゾン（一八九〇—一九六〇年）がまだカトリックに回心する前の一九二六年に発表した大学教員資格論文『「ヘイス・テオス」——古代の「一なる神」喝采への碑文学、形態史、宗教史による探究（*Heis Theos: Epigraphische, formgeschichtliche und religionsgeschichtliche Untersuchungen zur antiken „Ein-Gott“-Akklamation)*』と、このペーターゾンの研究を参照しながらカール・シュミットが一九二七年に出版した『人民投票と人民請願』（邦題『国民票決と国民発案』）を手がかりに第七章「権力と栄光」で試みられている、喝采のもつ意味についての考察が目を引く。とりわけ、典礼的喝采の構成的機能をペーターゾンから借用して、純粋な直接民主主義の理論家の衣装をまとい、その直接民主主義をもってヴァイマール共和国の自由民主主義に対抗しようというのがシュミットの戦略だった、という指摘には考えさせられるところがある。

第VI章

誓言と任務

II-3『言語活動の秘跡』(2008年)

1

二〇〇七年に公刊された《ホモ・サケル》プロジェクトのⅡ‐4『王国と栄光』で「栄光の考古学」を展開したアガンベンは、翌二〇〇八年に公刊されたⅡ‐3『言語活動の秘跡』では「誓言の考古学」を、二〇一二年に公刊されたⅡ‐5『オプス・デイ』では「任務の考古学」を展開した。

まず、Ⅱ‐3『言語活動の秘跡』では、イタリアの歴史家パオロ・プローディ（一九三二―二〇一六年）の『権力の秘跡――西洋憲法史における政治的誓言（*Il sacramento del potere: Il giuramento politico nella storia costituzionale dell'Occidente*）』（一九九二年）における述言を引用することから考察が開始される。

プローディによると、「誓言（giuramento）」は宗教と政治の結節点に位置していて「西洋の歴史における政治的契約の土台」を構成している。そのようなものとして、キリスト教の生誕当初から叙任権闘争にいたるまで、中世晩期の「誓約社会」から近代国家の形成にいたるまで、この契約が危機におちいるたびに、誓言は卓越した機能を果たしてきたことが見いだされる。それゆえ、現代において誓言が取り返しようもなく没落してしまったことは、「政治的動物としての人間の存在そのものを襲っている危機」に対応しているのだった。

ただし、プローディは、同書のサブタイトルが示しているように、あくまでも歴史的な研究に徹していて、彼が「誓言という出来事の非歴史的で不動の核心」と捉えるものについては、正面から取り組むことをしていない。それにたいして、アガンベンが試みるのは、誓言の歴史的な起源にかんする探究ではなく、むしろ「誓言の哲学的考古学」である。すなわち、「誓言とは何か、もし誓言が政治的動物としての人間自体を定義し、問題に付すのだとしたら、誓言のうちの何が危険にさらされているのか」を問うことが問題になるという（第一節）。

アガンベンは、政治的構成における誓言の本質的な機能は、プローディが彼の本のモットーに掲げているアテナイの政治家リュクルゴス（前三九〇頃―前三二四年頃）の「誓言は民主政を結集させているものである」という一節のうちに明瞭に表現されているとする。そのうえで、これには、ヘレニズムの没落期に誓言の果たす中心的役割を再度強調して誓言を法律への補完的原理にしようとした新プラトン主義の哲学者ヒエロクレス（四三〇年頃活動）の「法律（nomos）は、神がすべてのことどもを永遠かつ不変に存在へと導いていくために実施する、つねに平等な作業である。いま、われわれは、この法律に従って、すべてのことどもを同じ状態に保持しているものを誓言（horkos）と呼ぶことにする」という一節を引いておいてもよかっただろう、と付言している。

さらに、プローディがローマの法文化が誓言にかんしてわたしたちに伝えてきた基本的テクストとしているキケロ『義務について』の「誓言をおこなうことにかんしては、どのような恐れがあるかではなく、どのような力があるかを理解しなければならない。というのも、誓言は神への崇敬を確証するものであって、確証を与え、いわば神を証人として約束したことは守らなければならないからである。ここで問題なのは、もともとありもしない神々の怒りではなく、正義と信義である」というくだり（三・一〇四）も誓言に同様の機能を託しているように見えると言う。ひいては、「誓言がかかわるのは、言表それ自体ではなく、その効果の保証である。誓言において問題となるのは、言語活動それ自体の記号論的・認知的機能ではなく、言語活動の真実さと実現の確証なのである」と（第二節）。そして、法的なものに先立って宗教的なものが存在したとする従来の通説は、誓言にかんしては該当しないと言う。アガンベンの見るところ、「おそらく誓言は、それ自体としては、法的（だけ）でもなければ宗教的（だけ）でもない現象として、しかし、まさにそのために、法とは何か、宗教とは何かを最初から思考し直すことを可能にしてくれる現象として、わたしたちの前に立ち現われている」（第九節）。

そのうえで、誓言を新しい土台の上で取り上げ直すための二つのテクストとして、アレクサンドレイアのフィロン（前二〇頃―五〇年頃）の『法律のアレゴリー（*Legum allegoriae*）』（二〇四―二〇八）と、キケロ（前一〇六―前四三年）の『義務について（*De officiis*）』（三・一〇二―一〇七）を取り上げて分析する。フィロンからは、

(1)誓言は言葉が事実になるなかで真実であることが明らかになるものとして定義される。
(2)神の言葉は誓言である。
(3)誓言は神のロゴスであり、神のみが本当の意味で誓言をおこなうことができる。
(4)人間は神にではなく、神の名に誓う。
(5)神についてはわたしたちは何も知らないのだから、わたしたちが神について与えることのできる

唯一の確実な定義は、神はそのロゴス（言葉）がホルコス（誓言）である存在である、というものである。

の五点を引き出している。一方、キケロからは、いましがたも見たように、誓言の力は、それが神々の怒りではなく、「フィデース（fides＝信義）」という、個々人の関係も人民と都市の関係も規制する、より広範囲に及ぶ制度であるという事実に由来するとされている点に注目する（第一〇―一一節）。

2

次いでアガンベンは、誓言が密接に関連しているもう一つの制度として、「サクラーティオー（sacratio）」ないし「デーウォーティオー（devotio）」と呼ばれる、神々への奉献の制度を取り上げ、なかでも誓言において「呪詛（imprecatio）」のもっている重要性を確認する。アガンベンによると、呪詛が裁可していることは何かといえば、それは誓言において表現されていた言葉と事物の対応性が失われる、ということである。言語活動と世界の連関が断ち切られたなら、この連関を表現し、保証していた神の名は、神を呪詛するための名に転化する。神の名は、世界との指示記号的な連関から解き放たれ、神にたいする罵詈雑言に転化する。呪術と呪文は、誓言から、より正確には誓いを破ることから生じたというのだ（第一八節）。

したがって、フィロンによって指摘されていた誓言における神の名の意味と本源的な機能について、より一般的には、わたしたちが宗教的と呼び慣わしてきた装置において神名が中心的な位置を占めていることについて問うてみることが必要だとして、ドイツの文献学者ヘルマン・ウーゼナー（一八三四—一九〇五年）の『神々の名——宗教的概念形成学説の研究（*Götternamen: Versuch einer Lehre von der religiösen Begriffsbildung*）』（一八九六年）に依拠して、この問題に取り組む。そして、そこから「誓言において呼び出される神は、正しくは確証や呪詛の証人ではない。そこで呼び出される神は、言葉と事物が解消しがたく結ばれているような言語活動の出来事を表象しており、その出来事そのものである。あらゆる命名行為、あらゆる言葉の行為は、この意味では誓言である」という結論を導き出している（第一九節）。

こうして、「あらゆる誓言は、卓越した名、すなわち神の名にかけて誓う。なぜなら、誓言は言語をそっくりそのまま固有名として扱う言語活動の経験だからである。純粋の存在——名前の存在——は、確認の結果でもなければ、論理的な演繹でもない。それは、指示されることができず、誓われることができるにすぎない、すなわち名前として確言することができるにすぎない何ものかなのだ。信義の確実性は、（神の）名の確実性である」（第二二節）。多くの示唆に富む誓言論と言えるだろう。

3

目を引くのは、アガンベンが誓言にかんする以上のような考古学的分析を踏まえて、英国の哲学者ジョン・L・オースティン（一九一一―六〇年）が没後に公刊された『言語と行為（*How to Do Things with Words*）』（一九六二年）で提唱した言語行為論の「読み直し」をくわだてていることである。同書のなかでオースティンは、文ないし発言のなかには、何らかの事実を陳述する「事実確認的（constaive）」な文ないし発言の他に、何らかの行為を口に出して言うことが当の行為を実際に遂行することにほかならないような文ないし発言があるとして、これを「行為遂行的（performative）」な文ないし発言と名づけていた。そして、後者のうちに「誓う」という文ないし発言もあるとしたが、アガンベンによると、彼がここまで復元に努めてきた誓言の規約は、このオースティンの言う行為遂行的なものの理論を新しい光のもとで把握することを可能にしてくれるという。

実際にも、行為遂行的なものは、言語のなかで、言葉と事物の連関が意味論的・外示的（semantico-denotativo）なタイプのものではなく、誓言のように、何らかの事柄を口に出して言うことがその事柄が本当に存在することを行動のなかで実現してみせることであるという意味において、行為遂行的なタイプのものであるような一つの段階の残滓（あるいは、むしろ一つの構造の同時起源性）を表わしている。ここで問題になっているのは、呪術的・宗教的な段階ではなく、意味と外示の区別に先行する（あるいは、その区別と同時的に発生した）構造なのであって、おそらく、わたしたちがそうと思い込まされてきたように、人間の言語の本源的で永遠の性格などではなく、歴史的な産物なのである（ひいては、歴史的な産物である以上、つねに存在していたわけではなく、いつの日か存在することをやめるかもしれないのである）。（第二三節）

次いで、「言葉と事物は深淵によって切り離されているという古くからの格率に逆らって、ある何らかの統辞素が、それが発語されただけで事実の効果を獲得するのを、いったい何が許すのだろうか」と問うたうえで、「ここで本質的なのは、確かに、行為遂行的な表現の自己言及的な性格である」が、「その行為遂行的なものの自己言及性はつねに言語活動の正常な外示的性格を宙づりにすることをつうじて構成されることを、はっきりさせておく必要がある」と──法律がみずからの適用を「宙づりにする」例外状態とのアナロジーに想起を促しつつ──主張している（第二三節）。

これらは「誓言の考古学」がどれほどの奥行きと拡がりをもっているかを示してあまりある述言だと言ってよい。「誓言を考古学的に探究するということは、わたしたちが本質上ギリシア・ローマ世界に限定している歴史的データの分析をアントロポゲネシス（人間の発生）と現在のあいだに張り渡されたアルケーの方向へと差し向けることを意味することになるだろう。すなわち、ここでの仮説は、わたしたちが「誓言」という術語によって指示している、法律的であると同時に宗教的でもある謎めいた制度は、それを言葉を話す存在および政治的動物としての人間の本性そのものを問いに付すような展望のうちに位置づける場合にのみ可知的なものになる、ということである。ここから誓言の考古学のアクチュアリティが出てくる。／アントロポゲネシスとしての超歴史は、ひとたび達成されたなら、それでおしまい、とみなしうるような出来事ではない。それは、つねに進行の途上にある。

なぜなら、ホモ・サピエンスは人間になることをけっしてやめないからであり、おそらくは、言語に接近し、言葉を話す存在としてのその本性にかんして誓言することを、なおもやり遂げてはいないからである」という述言（第五節）ともども、しかと心に銘記しておくべきだろう。

4

アガンベンは、第二七節で、これまでの分析から判明した誓言の新しい状況を、以下の三点のテーゼにまとめている。

(1)研究者たちは、誓言の制度を呪術的・宗教的領域に送付することをつうじて説明してきた。わたしたちの仮説は、これとは正反対である。呪術的・宗教的領域は論理的に誓言に先立って存在しているのではなく、誓言のほうこそが言葉の本源的な行為遂行的経験として、宗教およびこれと密接に関連した法を説明することができる。

(2)それゆえ、誓言の本来のコンテクストは、フィデース（fides＝信義）のような制度のうちにあるのであって、その機能は言葉の真実と信義を行為遂行的に確言することにある。

(3)誓言と奉献が本質的に隣接関係になることを理解すべきであるのも、これと同じ意味においてである。「サケルタース（sacertas＝聖性）」とは殺害可能で犠牲化不可能な剝き出しの生を産み出すことをつうじての権力の本源的な性能のことだとする解釈は、誓言は権力の秘跡である以前に言葉をつうじての言葉への生者の献納であるという意味に解されなければならない。

誓言が権力の秘跡として機能しうるのは、それがまずもって言語活動の秘跡であるかぎりにおいてのことである。

誓言のなかで生じるこの本源的なサクラーティオー（sacratio ＝神への奉献）は、呪詛の形態、法律の宣言に随伴するポリティケー・アラ（politikē ara ＝政治的祭壇）の形態をとる。この意味において、法は構成上、呪詛に縛られており、この呪詛との本源的な連関を断ち切った政治のみが、いつの日か、言葉と法の別の使用を可能にするだろう。

続く第二八節では「この瞬間こそが誓言をアントロポゲネシスとの関係のうちに考古学的に位置づける瞬間なのだ」と述べ、クロード・レヴィ＝ストロース（一九〇八―二〇〇九年）がマルセル・モース（一八七二―一九五〇年）の『社会学と人類学』（一九五〇年）に寄せた序文で「マナ」を「あらゆる有限な思考の隷従状態」を構成するシニフィアンとシニフィエの根本的な不適合を表現したものと捉えたことに注意を促しつつ、同様に、誓言も、言語活動においてみずからの本性を賭け、言葉と事物と行動を一つの倫理的および政治的な連関のなかで結びつけて一体化するという、言葉を話す動物にとってあらゆる意味で決定的な要請を表現している、と主張する。

そして、最終第二九節では「言語活動にかんする西洋の省察は、ほぼ二千年にわたって、言語の形式的機構のなかで、言表の機能、言葉を話す者が言語を具体的な言述行為のなかで引き受けるさいの媒体となる指示子ないしシフター（「わたし」、「きみ」、「ここ」、「いま」等々）の総体を別個に取り出すことに専念してきた。しかしながら、言語学が確かに記述することができずにいるものがあるとすれば、この所作のなかで生み出され、主体が彼の発する言葉のなかにきわめて特殊な形で包含されていることを明らかにするエートスがそれである。／「言語活動の秘跡」が生じるのは、そのアントロポゲネシス的意義を定義しようと努めてきた、この倫理的関係においてである。まさしく、他の生物と違って、人間は語るためには彼の言葉のなかでみずからを賭けなければならないために、神を祝福することも悪しざまに罵《ののし》ることもできるし、誓言することもそれに背《そむ》くこともできるのである」と述べたのち、「哲学は、言葉を語る者が、人々が呪文を盲目的に崇敬しているのに抗って、名前の第一位性を断固として問いに付した時点で始まる。〔…〕哲学は、この意味において、構成上、誓言について批判的である。〔…〕ヨーロッパのすべての言語が空しく誓言することを余儀なくされ、政治がオイコノミアの形式、すなわち剝き出しの生にたいする空疎な言葉の支配の形式をとることしかできない時点において、言葉を話す生物がその歴史のなかで到達した極限の状況を冷静に自覚するなかで、抵抗と転回のための指針が到来しうるのは、なおも哲学からなのである」という、誓言にたいして批判的な哲学への期待の弁で全体を締めくくっている。

5

次に、「任務の考古学」という副題の付いたⅡ‐5『オプス・デイ』は、「典礼と政治」、「秘儀から効果へ」、「任務の系譜学」、「二つの存在論、あるいは、どのようにして義務が倫理学のなかに入り込んだのか」の四章からなる。

「オプス・デイ（opus Dei＝神の業）」というのは、カトリック教会において、すでに六世紀から「典礼」、すなわち「イエス・キリストの祭司的任務の行使」を指すのに用いられてきたラテン語の専門用語である。「そこでは、公的にして十全な祭礼がイエス・キリストの神秘的な身体、すなわち頭とその四肢によって執りおこなわれる」のだった（第二回ヴァティカン公会議で一九六三年一二月四日に採択された「聖なる典礼にかんする憲章」参照）。

この点を「序言」で断ったうえで（Ⅱ‐5：i頁）、第一章「典礼と政治」では、まず「典礼」という語彙の由来となったギリシア語「レイトゥールギア（leitourgia）」は、「公共の奉仕」一般を指す、政治的含意の強い語であったことが確認される。そして、それが七十人訳聖書の作者たちが「仕える」を意味するヘブライ語の動詞「セーレット（seret）」をギリシア語に翻訳するさい、一律に「レイトゥールギア」の動詞形「レイトゥールゲオー（leitourgeō）」をあてた次第が説明されるが、そこでは『ヘブライ人への手紙』と第三代ローマ司教（第四代教皇）クレメンス一世（在位九一頃―一〇一年頃）の「コリント人への第一の手紙」とが「典礼」の両極として位置づけられているのが目を引く。ちなみに、アガンベンは『ヘブライ人への手紙』の著者をパウロだと見ているが、聖書学者のあいだでは、パウロ書簡がまとめられたあとの九五年頃に書かれたとする説が大勢を占めている。『ヘブライ人への手紙』の著者によって練り上げられた「神の秘儀の代務者」たるメシア的祭司としてのキリストの職能にかんする神学では、モーセの旧約に対応するレビ人の祭司職と、新約においてキリストのものとされる大祭司職とが対置されている。そこでは、救済をもたらすキリストの行動が「レイトゥールギア」として提示されるだけでなく、務めを果たす者がみずからを捧げものとする偉大な供犠の祭司として、キリストはいわば絶対的にして完全な、それゆえに一回だけで成就されうる典礼的行動を実現する。この点で、それはたえまなく反復され、罪の記憶を毎年更新するレビ人の祭司職とは決定的に異なる。

一方、『ヘブライ人への手紙』とほぼ同時期に書かれたと多くの聖書学者が見ているクレメンス一世の「コリント人への第一の手紙」は、司牧への関心が「典礼」として理解された教会位階制の理論化の形態をとった最初のテクストであるが、そこでは『ヘブライ人への手紙』におけるキリストを祭司とみなす議論に親しんでいながら、むしろレビ人の祭司職をモデルとして、神の秘儀を代務する長老や司教の権能を恒久的な「レイトゥールギア」として基礎づけることが意図されている。

この両者の異同に着目して、アガンベンはこう指摘するのである。

キリスト教における典礼をめぐる逆説は、祭司職のモデルを大祭司であるキリストの典礼的行動に求め、自分たちの祭典の根拠を『ヘブライ人への手紙』に求めておきながら、反復不可能であるはずの行為を反復し、祭典の対象になりえないものについて祭典を挙行しようとして躍起に

なっている点にある。（Ⅱ－５：一六頁）

ひいては、キリスト教の典礼を定義しているのは、「オプス・オペラートゥム（opus operatum＝為された業）」と「オプス・オペラーンティス・エックレシアエ（opus operantis Ecclesiae＝為す者である教会の業）」を一致させようとする、アポリアをはらみつつ、倦むことなく繰り返されてきた試みである、と。

クレメンス一世の「コリント人への第一の手紙」は、『ヘブライ人への手紙』が書かれたと推測されるのとほぼ同じ時期の九五年に書かれている。加えて、立論の多くがパウロ書簡に依拠している。それゆえ、『ヘブライ人への手紙』を書いたのはクレメンス一世ではなかったかと見る向きもあった。モーセの旧約に対応するレビ人の祭司職と新約においてキリストのものとされる大祭司職との相違に着目し、二つの手紙が典礼の両極をなすことを明らかにしようとしたアガンベンの主張は、こうした著者同一人説にたいするそれなりに説得力のある論駁となっている。

6

しかし、圧巻なのは何といっても、第二章「秘儀から効果へ」である。

そこでは、「秘儀」という語が典礼をめぐるキリスト教会の省察の中心に位置していることに注意を促したのち、二〇世紀に入って教会内部から興《おこ》った「典礼運動（liturgische Bewegung）」に最も大きな霊感を与えたライン地方のマリア・ラーハ修道院所属のベネディクト会士オード・カーゼル（一八八六―一九四八年）の『キリスト教の祭式における秘儀』（邦題『秘儀と秘義』）（一九三二年）に代表される著作が、そこで引証されているキリスト教神学者たちの文献も逐一検討しながら読み進められている。なかでも、秘跡におけるキリストの現前とその有為なあり方を指すのにラテン教父やスコラ学者が用いた「エッフェクトゥス（effectus）」という語を、カーゼルが秘跡にかかわる祭式から生み出される恩恵のたんなる効果（Wirkung）のみを指し示すのではなく、何をおいてもまず実効性（Wirklichkeit）を、すなわち実効的充溢における実在をこそ指し示すと受けとめていることに注目し、そこには存在論のレヴェルでの一つの変容、実体と効能が一体になるような変容が生じている、との指摘がなされている。それゆえ、秘儀が効果であり、実効性が秘儀的であるのは、そこにおいては存在が実践のうちに解消されてしまっており、実践が存在となって実体化されているかぎりにおいてのことである、と。

すなわち、「典礼の秘儀は有為なるものの秘儀と全面的に一致する。そして、可能態とその現実化、もしくはここで問題になっている存在と実践が不確定であるのに順応して、この一致は、そこでは存在論の歴史における決定的な変容、すなわち、エネルゲイアから実効性への移行が遂行されているという意味で、有為的である」（Ⅱ‐5：一〇〇頁）というわけである。

この存在論的次元においては、神的存在のオイコノミアなるものが存在しているとするとともに、それこそが典礼の秘儀にほかならないとしたうえで、「そのときには、オイコノミアとしての三位一体性の観念においても、秘儀としての典礼の観念においても、賭け金になっているのはエッフェクトゥスの存在論を構成することである、と言うことができるかもしれない」（Ⅱ-5：一〇一頁）と言われる。そして、「古典的存在論に漸次取って代わってきたこの実効的存在論（ontologia effettuale）がどの程度まで存在についてのわたしたちの捉え方の根底をなすにいたっているか、すなわち、どの程度までわたしたちが今日、有為性（operatività）以外の存在の経験を思いのままにすることができずにいるか、これは近代性（modernità）にかんするすべての系譜学的研究が立ち向かうことなしに済ますことができない仮説である」（Ⅱ-5：一〇一頁）との所見が表明されている。

これは「無為（inoperosità）の共同体」の到来を遠望するアガンベンだからこそ表明できた所見ではないかと思う。実際、「無為」こそは、少なくとも一九九三年に公刊されたジル・ドゥルーズとの共著『バートルビー、創造の定式』以来のアガンベンの思索活動において鍵をなす概念だったのである。

第二章の最終節は、ハイデガーが「存在の歴史としての形而上学」（一九四一年）で論じた「エネルゲイアのアクトゥアーリタースへの変換」をめぐる考察に割かれている。そして、ハイデガーが聖書の霊魂創造論的パラダイムを存在の歴史の中心に据えたことで技術の本質を生産と配置として捉えることができたという事実は認めつつ、まさにそのために、技術の形而上学的本質がそれにもまして統治とオイコノミアであることを見損なってしまった、との批判がなされる。この点にも留意しておきたい。

7

第三章「任務の系譜学」では、教会史のなかでは「典礼」を指すのに長らく「オッフィキウム(officium)」というラテン語が使用されており、「リトゥールギア(liturgia)」というギリシア語由来のラテン語が「典礼」の専門用語として定着するにいたったのは二〇世紀に入ってからだったという事実に注意が促されたうえで、その「オッフィキウム」という語を書名に冠したキケロの『義務について(*De officiis*)』とミラーノ司教アウレリウス・アンブロジウス(三四〇頃—三九七年)の『代務者の任務について(*De officiis ministrorum*)』を軸にして「オッフィキウム」という用語の系譜がたどり直される。

まず、キケロの場合には「オッフィキウム」は「状況に応じた適切なふるまい」を意味する「カテーコン(kathēkon)」というギリシア語のラテン語訳として選択されたものであり、西洋世界の倫理に義務という基礎知識を導入することになる著作『義務について』も善や悪をめぐる教理とはまったく無関係で、主体の働きを「状況に応じて」定義する、すぐれて可塑的な基準が問題にされていたことに注意が促されているのが目を引く。

また、アンブロジウスにかんしては、彼の戦略はキケロによって「カテーコン」のラテン語訳として開発された「オッフィキウム」を教会のなかに移し替えてキリスト教化するとともに、それを「カテーコン」のラテン語訳としてだけでなく、「レイトゥールギア」のラテン語訳としても通用させようとすることにあったとされる。そのうえで、典礼にかかわるテクスト群がオッフィキウムとエッフェクトゥスのあいだに緊密な相関関係を打ち立てていることを明るみに出したヴァルター・ディーツィンガー（一九二四―二〇〇八年）の『ローマの典礼におけるエッフェクトゥス（*Effectus in der römischen Liturgie*）』（一九六一年）を参考にしつつ、広義のオッフィキウムである典礼の働きは、別個でありながらも同時に不可分である二つの要素、すなわち、道具的原因として作動するにすぎない狭義のオッフィキウムである祭司の代務《ミニステリウム》と、祭司の代務を実現して実効的なものにする神の介入――エッフェクトゥス――の合算から生じていることが確認されているのが注目される。アガンベンはこう述べている。

> 神のエッフェクトゥスは人間の代務によって規定されており、人間の代務は神のエッフェクトゥスによって規定されている。〔…〕しかし、このことは、オッフィキウムが存在と実践のあいだに一つの循環関係を設立することを意味している。祭司の存在が祭司の実践を定義し、ひるがえっては祭司の実践が祭司の存在を定義する。オッフィキウムのなかで、存在論と実践は決定不能なものに転化する。すなわち、祭司はそれがあるところのものであらねばならず、あらねばならないところのものであるのだ。（Ⅱ－5：一四八頁）

熟読玩味に値する述言である。

8

第三章のあとに置かれた「閾《いき》」では、「祭司的実践のパラダイムとしてのオッフィキウムが西洋の存在論に及ぼしてきたおそらく最も決定的な影響は、存在を当為に変容させ、それにともなって根本的概念としての義務を倫理学に導入したことである」（II-5：一五八頁）と言われている。そして、「この存在の当為への変容に、また、この変容に含意されている命令と任務のあいだの存在論的近接にこそ、いまやわたしたちの探究を差し向けなければならない」（II-5：一五九頁）として、第四章「二つの存在論、あるいは、どのようにして義務が倫理学のなかに入り込んだのか」の議論に移っていく。

そこではまず、アリストテレスの徳性（aretē）論においては、ラテン語の「ハビトゥス（habitus）」にあたる「ヘクシス（hexis）」、つまりは「状態、習慣」の概念を介してデュナミス（dynamis＝可能態、潜勢的能力）に実在と根拠が与えられる一方で、そのデュナミスにたいするエネルゲイア（energeia＝現勢態、行為）の優位が主張されていたことが、『エウデモス倫理学』や『ニコマコス倫理学』を引証しつつ確認される。と同時に、そこから明らかになる徳性とは、何らかの状態であるとともに、その状態が行為に移行して、よりよい仕方で作動することを可能にする何かであるとして、徳性が存在の次元と活動の次元の双方に位置づけられていることが指摘され、そこにアリストテレスが西洋の倫理学に伝えることになった徳性論のアポリアが見てとられる。

そのうえで、アポリアに満ちたアリストテレス倫理学を背景に、後期スコラ学、とくにトマス・アクィナス（一二二五頃―七四年）の『神学大全』（一二六六―七三年）では、「有為的状態（habitus operativus）」という用語で徳性論が展開されていることに注意が向けられる。と同時に、この「有為的状態」という表現そのものが状態においては存在論に送り返され、実効性においては実践に送り返されることを意味している以上、祭司の任務にかんするアンブロジウス以降の議論がおちいったのと同様の循環にとらわれている、との指摘がなされる。祭司がその任務をまっとうしなければならないのは、彼が祭司であるかぎりにおいてであるが、しかし、彼が祭司であるのは、彼がその任務をまっとうするかぎりにおいてである。同様に、善もしくは徳性に満ちているのだとすれば、それがよく作動するかぎりにおいてのことであり、よく作動するのだとすれば、それが善もしくは徳性に満ちているかぎりにおいてである、というのだ。そして、徳性と任務が不確定性の〈閾〉に入る典型的な場所として、「レリギオー（religio＝敬神）」の理論が挙げられる。そこにおいて、任務という典礼の伝統と徳性にかんする道徳的諸著作の伝統とが一つに結びつけられるというのである。

さらに、フランシスコ・スアレス（一五四八―一六一七年）の『敬神という徳性の性質と本質について（*De natura et essentia virtutis religionis*）』では、神への「デビトゥム（debitum）」＝「負債」という法的な概念が敬神の公式的な定義になるばかりか、すべての議論が旋回する中心の核になっていることに注意が向けられ、そこでは「存在は全面的に負債へと、存在しなければならないものへと解消されるという考えのもとで、法と敬神は必然的に一致する」（II-5：一九三頁）という結論がくだされる。

まことに啓発的な議論であるが、なかでも注目されるのは、イマヌエル・カント（一七二四―一八〇四年）が一七九七年の『人倫の形而上学』で論述の中心に据えている「徳性の義務（Tugendpflicht）」という概念、すなわち「同時に義務でもあるところの目的」という概念が、アンブロジウスからスアレスにいたる神学的伝統のすべてが究極的には徳性と任務の無差別地帯に到達することをめざしたのを受けて、自然法学者のザムエル・フォン・プーフェンドルフ（一六三二―九四年）がクリスティアン・トマジウス（一六五五―一七二八年）宛の一六八八年七月一七日付書簡で打ち明けた〈義務にもとづく倫理学〉というプロジェクトの成就であり、実現であるとされていることである。と同時に、カントにおいて当為の形式のもとに完遂されるにいたったのは実効性の存在論であるが、この存在論はそもそもの始まりから、実効性にかかわるのと同じくらい、命令にかかわる存在論でもあったことに注意が促されている。

以上を総括して、アガンベンはこう述べる。

西洋の伝統においては、異なるとともに結びついた二つの存在論が存在する。第一の存在論は、法的‐宗教的領域に固有の命令の存在論であって、命令法によって表現され、行為遂行的な特徴をもつ。第二の存在論は、哲学的‐科学的伝統に固有の存在論であって、直説法の形態で［…］表現される。「エストー（estō）」＝「あれ！」の存在論は当為に送付され、「エスティ（esti）」＝「ある」の存在論は存在にかかわる。明確に異なっており、多くの点で正反対でありながらも、二つの存在論は西洋の歴史のなかで共存し、闘い合っており、ともあれ、交差し、交

配し、かわるがわる他方の優位に立つことをやめない。(II-5:二一八—二一九頁)

「カントによって執行された「コペルニクス的転回」は、客体に代わって主体を中心に据えたことではなく、むしろ〔…〕実体の存在論に命令の存在論を取って代えたことにある」(II-5:二二二頁)

という解釈ともども、真摯に受けとめて再考に付すべき述言だろう。

第Ⅶ章

所有することなき使用

IV-1『いと高き貧しさ』(2011年)

1

アガンベンは、《ホモ・サケル》プロジェクトのⅣ‐1に配されている『いと高き貧しさ——修道院規則と生の形式』(二〇一一年)の「序文」の冒頭で、同書を「修道院生活の模範的事例の探求をつうじて、あるひとつの〈生の形式〉(forma-di-vita)、すなわち、分離することができないほど形式と固く結びついた生を構築する試みである」(Ⅳ‐1:一頁)と規定している。この述言に接して、「ついに来たか」というのが、まっさきに込み上げてきた感慨だった。〈生の形式〉という(原語ではハイフン付きの)語がアガンベンの著作のなかで最初に登場するのは、フランスのラディカル系の雑誌『フュチュール・アンテリウール(*Futur antérieur*)』(『先立未来』)誌第一五号(一九九三年)に掲載されたアガンベンの論考「〈生の形式〉(Forme-de-vie)」においてである。

その論考のなかでアガンベンが読者に注意を喚起しているところによると、古代のギリシア人は、わたしたちが「生」という言葉で理解しているものを表現するための単一の用語をもっておらず、「ゾーエー(zōē)」と「ビオス(bios)」という意味論的にも形態論的にも区別される二つの語を使用していたという。そして、ゾーエーのほうはおよそ生あるものすべて(動物、人間、神々)に共通の「生きている」というたんなる事実を表現していたのにたいして、ビオスのほうは人間に(個々人であれ、集団であれ）固有の「生の形式もしくは生き方」を意味していたという。

この古代ギリシアにおけるゾーエーとビオスの意味論的ならびに形態論的な区別／対立を踏まえつつ、アガンベンは「その形式からけっして分離することができない生」、「そこから何ものかを剝き出しの生（une vie nue）として孤立させる／切り離すことがけっしてできない生」といったものを想定する。「生きることの個々の様態、個々の行為、個々の過程が、けっしてたんに事実ではなく、つねに、そして何よりもまず生の可能性であり、潜勢力であるような生」がそれである。そして、このような生こそがアリストテレスの言う政治的動物《ゾーオン・ポリティコン》としての人間の生にほかならないとしたうえで、これに〈生の形式〉＝“forme-de-vie”という名称をあてがったのだった。

アガンベンによると、古代ギリシア語でこのように「生」を表現するのに用いられていた「ゾーエー」と「ビオス」という語は、近代ヨーロッパの諸言語のなかでは、しだいに日常的に使用される語彙から消え去っていった。そして、現在わたしたちが知っている政治権力は、いつの場合にも「剝き出しの生の圏域をもろもろの生の形式のコンテクストから分離する」ところに基礎を置いているという。

また、カール・シュミットは『政治神学』のなかで「主権」について論じ、「主権者とは例外状態にかんして決定をくだす者を言う」と定義したが、そこで言われる「例外状態」とは、まさしく「通常の状況にあっては多種多様な社会的生の形式に結びついているように見える剝き出しの生が、政治権力の窮極の基礎であるかぎりで、あらためて明確に問いに付される状態」のことにほかならない、とアガンベンは解釈する。そして、ヴァルター・ベンヤミンは、その遺稿「歴史の概念について」

（「歴史哲学テーゼ」）でナチスの支配するドイツを念頭に置きつつ、シュミットの言う「例外状態」はわたしたちにとっては、いまや通常の状態になってしまった、と述べたが、これまたアガンベンによると、その通常となった例外状態においてあらためて問いに付されるにいたった「剝き出しの生」は、あらゆる領域で「もろもろの生の形式を単一の〈生の形式〉へとそれらが凝集することから分離してしまう」のだった。

　こうして、アガンベンは、いまや政治は生政治（biopolitique）になってしまったというミシェル・フーコーの『知への意志』における診断を実質的に正確だと受けとめる。と同時に、決定的なのは「この変容の意味をどのように捉えるか」である、と述べる。そして、「政治的な生は、すなわち〔…〕〈生の形式〉へと集約される生は、〔…〕あらゆる主権からの一度なされたなら取り消し不可能な脱出から出発して初めて思考することができる」としたうえで、こう言うのである。

> 国家という形態をとらない政治（une politique non étatique）の可能性についての問いは、必然的に次の形、すなわち、今日、〈生の形式〉といったようなもの、それを生きるなかで生きることそのものが問題となるような生、潜勢力をもった生（*une vie de la puissance*）は可能なのだろうか、という形をとる。

　いま読み返してみてもじつに斬新で刺激的な論考だが、そこで提示された問題について、いくつかの主題に分節化しつつ開始されたのが、《ホモ・サケル》プロジェクトにほかならなかった。

だが、《ホモ・サケル》プロジェクトのⅠに配された『ホモ・サケル』（一九九五年）では、「主権的権力と剝き出しの生」という副題が示すように、主眼はあくまで主権の論理とその基礎をなしていると想定される「剝き出しの生」の関係を解明することに置かれていた。そして、〈生の形式〉にかんしては、著作の最後で「みずからの剝き出しの実存でしかないこの存在、みずからの形式であり、形式から分離することができないままでいるこの生を〈生の形式（forma-di-vita）〉と呼ぶとするなら、わたしたちの前には、政治学と哲学、医学‐生物学と法学の交差によって定義される研究領域の彼方に横たわっている、ある一つの研究領域が開けるのが見えるだろう」と展望しながらも、「しかし、その前にまず、これらの諸学科の限界の内部において、剝き出しの生のようなものをどのようにして思考することができたのか、また、これらの諸学科が歴史的に展開するうちに、先例のない生政治的な破局を冒さずには乗り超えられない限界に突きあたってしまったのはどのようにしてであったのかを検証しなければならないだろう」として、〈生の形式〉そのものの探求は先送りされてしまっていた（Ⅰ：二五五頁）。

次いで世に問われた《ホモ・サケル》プロジェクトのⅢ『アウシュヴィッツの残りのもの』（一九九八年）は、Ⅰの『ホモ・サケル』で「近代的なものの生政治的パラダイム」と規定された収容所について、その実態をアウシュヴィッツの生き残りたちの証言をつうじて解明することに捧げられていた。

さらに、これも同じくⅠで「ホモ・サケル」の「剝き出しの生」が当時の法的‐政治的共同体とのあいだで取り結んでいた関係を念頭に置きながら、シュミットの「主権者」規定に関連して提出されていた「例外（exceptio）」とは「外へと排除しつつ捕捉する（ex-capere）」ことであるとの解釈にもとづいて著わされたⅡ-1『例外状態』（二〇〇三年）を筆頭に、Ⅱ-4『王国と栄光』（二〇〇七年）、Ⅱ-3『言語活動の秘跡』（二〇〇八年）など、統治の神学的系譜論ないし政治神学のフーコー的意味における「考古学的」考察を試みた《ホモ・サケル》プロジェクトⅡの一連の著作でも、〈生の形式〉についての具体的な言及は見られなかった。

それが、Ⅳ-1『いと高き貧しさ』（二〇一一年）では、ついに正面から取り組むことになったというのだ。感慨もひとしおなゆえんである。内容もなかなか読み応えがあり、歳月が経過するにつれてますます募るばかりの期待に十分応えてくれるだけのものがある。

2

『いと高き貧しさ』では、〈生の形式〉、すなわち「分離することができないほど形式と固く結びついた生」の構築に乗り出すにあたり、そのための歴史的な模範的事例として、四世紀にナイル川沿いのタベンニシに共住修道院《コエノビウム》を創設したエジプトの修道士パコミオス（二九〇頃―三四六年）の会則から、一三世紀にアッシジの聖フランチェスコ（一一八二―一二二六年）によって創設されたフランシスコ会もしくは「小さき兄弟たちの会（Ordo Fratrum Minorum）」の会則にいたるまでの修道院規則と、そこで共同生活を営んでいた修道士たちの生活実践との関係が考察の対象に選ばれている。この考察対象の選択自体が、まずもって特記に値すると言ってよい。

なぜアガンベンは彼の言う〈生の形式〉の構築に乗り出すにあたって、よりにもよって修道院での規則と生の関係に着目したのだろうか。それはほかでもない、神への信仰に身も心も捧げるべく俗世から逃亡した者たちが住まいを共にしながら祈禱と聖務をつうじて規則だった生活を営んでいた修道院のうちに、規則と生という二つの要素が対峙しつつ、かつ絡み合う弁証法的な力の場を見てとるとともに、そこでは「これまで耳にしたことのない」新しい〈生の形式〉、すなわち「分離することができないほど形式と固く結びついた生」の実現がめざされていた、と受けとめたからである。


修道院生活の斬新さとは、生と規範の混同でもなければ、事実と法権利の関係の新しい傾向でもない。それは、これまで考えられたことのなかった、そして今でもまだ考えることのできない、あるひとつの実質の次元を突きとめたことにある。"vita vel regula"〔生あるいは規則〕、"regula et vita"〔規則および生〕、"forma vivendi"〔生きる形式〕、"forma vitae"〔生の形式〕などの〔修道院規則に登場する〕連辞がなんとか名づけようと苦闘しているそうした実質の次元においては、「規則」も「生」もこれまで慣れ親しんだ意味を失い、第三の方向へと向かう合図を送っている。そこに光を当てることこそが肝要なのだ。（Ⅳ－1：二頁）

そうアガンベンは「序文」で考察の趣旨を説明している。

本論の第Ⅰ部「規則と生」でも、当初は「コエノビウム（coenobium）」と称されていた共住修道院で規則が誕生した経緯と、それが律法＝法律とのあいだに取り結んでいた弁証法的な関係について立ち入った考察をくわだてたのち、決定的なのは、それらの修道院規則で問題になっている生は（「コエノビウム」という語そのものが示しているように）コイノス・ビオス、つまりは「共同の生」であることに、あらためて読者の注意を促している。そして、アリストテレス以来のヨーロッパ政治哲学の伝統からうかがえるように、「共同の生」の理想は明らかに政治的性格をもっていると断ったうえで、もしそうであってみれば、「コエノビウムはおそらく「生の共同体」そのものが無条件にあらゆる意味において創憲的な要素として主張される場所なのだ」と捉え、「コエノビウムの生においては、西洋社会の倫理と政治にとってかくも決定的だった人間的実践のカノンそのものの変容が問題となっている」にもかかわらず、「その変容の性質とそれが含意するものをわたしたちはおそらく今日でもなお十分に把握できないでいる」と述べる（Ⅳ‐1：八〇頁）。アガンベンが修道院規則に着目した理由がどのあたりにあったのか、了解されようというものである。

3

わたしたちは『いと高き貧しさ』のなかで、いくつもの啓発的な指摘に出会う。まずもっては修道院規則と法律の関係をめぐる指摘がそうである。

修道院規則が法律的性質をもつか否かという問題は、今日でもなお修道院規則の特異性に注目した法学者のあいだでホットな問題であり続けている。だが、この問題にかんしては、それを旧約聖書におけるモーセの律法と新約聖書におけるキリストの福音との関係という本来の神学的コンテクストに引き戻して考察しないことにはアナクロニズムに陥ってしまう、とアガンベンは警告する。そして、修道院規則の原型をつくり出したパコミオスやカイサリアのバシレイオス（三三〇頃―三七九年）も、キリスト者の生の形式が法律の枠内に入ることなど不可能であることは完全に自覚していたとしたうえで、重要なのは、規則が法律的性質をもつかどうかではなく、もっと一般的な問題、規則のうちに住みつくことになった生が法律的な規範とのあいだに取り結んでいる特別な関係の問題ではないか、と法学者たちのアプローチに異を唱えている。

問われているのは、規則のなかで何が義務づけられた戒律で何が助言であるかでもなければ、それが含意している履行義務の度合いでもなく、むしろ生と法律の関係の新しいとらえ方であって、それは遵守と適用、違反と履行という概念そのものを疑問に付すのである。（Ⅳ‐1：七三―七四頁）

修道士として生きることを決意した者は、修道院に入るさいに誓願の宣立をおこなって規則を守ると約束するが、その者は「法の世界とは異なって、規則のなかで予見されているひとつひとつの行動を履行するよう義務づけられてはおらず、みずからの生き方を問いに付すのであって、これは一連の行動と同一視されるものでも、それらの行動に尽きるものでもないのである」（Ⅳ‐1：七五頁）。

ここでは約束の対象は、もはや、守らなければならない法律的テクストやあるなんらかの行動やある一連の定められた振る舞いではなく、主体の“forma vivendi”〔生き方/生きる形式〕そのものなのだ。(Ⅳ-1:七六頁)

要するに、法律ではなく〈生の形式〉こそが規則の実体であって、これが修道士たちが修道院で共同生活を営んでいくさいに準拠すべきパラダイムをなしている、というわけである。一二世紀のフランス出身の神学者クレルヴォーのベルナルドゥス(一〇九〇―一一五三年)によると、修道院への入門を志願する者たちが誓願宣立のさいに約束するのは「規則を守る」ことではなく、彼らは「規則に従って生きると約束する」のだという。同様の趣旨のことは、トマス・アクィナスも『神学大全』二・二、第一八九問第九項で述べている。これらの証言に依拠しての指摘であるが、じつに啓発的である。

ちなみに、ここで使わせてもらった「パラダイム」という語であるが、この語は『いと高き貧しさ』でも頻出するものの、意味するところは一義的ではない。ただ、同書でアガンベン自身も参照を求めているように、二〇〇八年に公刊されたアガンベンの『事物の印徴――方法について』(邦題『事物のしるし』)には「パラダイムとは何か」という論考が収録されている。そこでは、パラダイムそれ自体はたんに一つの見本/範例であり、個別の事例であるが、それが反復可能なものであることをつうじて科学者たちの研究と実践をひそかに制御する能力を獲得する、というトーマス・クーン(一九二二—九六年）『科学革命の構造』（一九六二年）の指摘を受けたうえで、それを「パラダイムは、全体にたいする部分としてでもなく、部分にたいする全体としてでもなく、部分にたいする部分として働く」と述べたアリストテレスの『分析論前書』（六九a一三—一四）における指摘をひきとって『線と円——アナロジーにかんする論理‐哲学的研究』という大著を一九六八年に世に問うたイタリアの哲学者エンツォ・メランドリのアナロジー理論に結びつけていた。

そして、パラダイムとは「意味のメタファー的な転用の論理」ではなく「範例のアナロジー的な論理」に従うものであって、単独の事例を、それがほかでもないその単独性を誇示することによって全体を理解可能なものにするという範例的役割を演じるかぎりで、所属しているコンテクストから切り離して提示したものである、という規定が与えられている（二七頁）。また、規則との関係についても言及して、「規則とは〔…〕単独の事例に先立って存在していて適用される一般性でもなければ、個別の事例の余すところのない列挙から帰結するものでもない。むしろ、パラダイム的な事例の提示のみが〔…〕規則を構成するのだ」（三二—三三頁）とある。わたしがここで「パラダイム」という語を使用するときには、このアガンベンの規定を念頭に置いている。

4

次に、修道院規則と教会典礼の関係についてのアガンベンの指摘を見てみよう。

教会において「典礼（leitourgia）」ないし「聖務（officium）」が占めている位置と意義にかんしては、本書の第Ⅴ章と第Ⅵ章で見たように、すでに《ホモ・サケル》プロジェクトのⅡ‐4『王国と栄光』（二〇〇七年）でも立ちいった考察がなされていた。また、Ⅱ‐3『言語活動の秘跡』（二〇〇八年）で「誓言の考古学」が探究の対象とされたのに続いて、Ⅱ‐5『オプス・デイ』（二〇一二年）では「聖務ないし任務の考古学」が探究の対象とされていた。

Ⅳ‐1『いと高き貧しさ』（二〇一一年）の第二章「典礼と規則」では、このような《ホモ・サケル》プロジェクトのⅡを構成する一連の著作での探究を引き継ぎながら、そこで解明された教会典礼とのあいだで修道院規則が取り結んでいる関係について考察がなされている。そして、修道院では「生を典礼に解消してしまおうとする力」と「典礼を生に変容させてしまおうとする力」が同時に働いているとされたうえで、ここからは修道院規則と教会の典礼書の興味深い類似性が出てくると同時に、両者間のさまざまな相違と緊張も出てくる、と指摘される。

教会も確かに生から典礼を引き出したが、その典礼は生から隔絶した別個の領域で形成されてしまったのであり、その領域を管理していたのはキリストの権能を体現した司祭たちだった。それにたいして、修道士たちは、そのような分離を消し去って、〈生の形式〉を典礼とし、典礼を〈生の形式〉とすることによって、典礼と〈生の形式〉のあいだに緊張に満ちた識別不能の〈閾〉を構築することになったというのである。この指摘もなかなか啓発的である。

《ホモ・サケル》プロジェクトのⅡにおける考察について一言付け加えておくなら、同じく典礼ないし聖務をめぐっての考察でありながら、『王国と栄光』では典礼の神秘を、とりわけそれが神に向ける顔貌、すなわち、それの対象的な側面に焦点が絞られていたのにたいして、『オプス・デイ』の考古学的探究では、それの主体的な側面、すなわち、典礼を管理する司祭たちのありように照準があてられているのが目を引く。『オプス・デイ』の序文でアガンベンが説明しているところによると、「典礼には、実際には神秘的なところはほとんどない。それどころか、それは絶対的かつ全面的に実効的な実践を思考しようとする、おそらくは最もラディカルな試みと符合している、と言うことができる」（Ⅱ－5：ⅱ頁）。また、この意味では、典礼の神秘は実効性の神秘なのであって、「この統治の奥義がつかみとられた場合にのみ、外見上はおよそ近代的なものから切り離されているように見えることの実践が、近代がみずからの存在論と倫理学、みずからの政治と経済を思考してきたさいの様式に及ぼしてきた無限の影響を理解することが可能になる」（Ⅱ－5：ⅱ頁）のだった。

5

しかし、以上の二点にもまして啓発的なのは、「〈生の形式〉」という見出しのついた『いと高き貧しさ』の第Ⅲ部である。

そこでは、修道院のなかでも、とりわけ一三世紀にアッシジの聖フランチェスコによって創設されたフランシスコ会が考察の対象とされている。そして、まずは、他の修道院と比較した場合のフランシスコ会の新しさが理念や教義の体系の面におけるそれではなく、イエス・キリストがみずから実践することで模範を示したと福音書が語っている“forma vitae”＝〈生の形式〉に従って生きることを要求しようとした点にあったことが確認される。

『マタイによる福音書』一九・二一には、「永遠の命を得るには、どんな善いことをすればよいのでしょうか」と尋ねた金持ちの青年にたいして、イエスは「もし完全になりたいのなら、行って持ち物を売り払い、貧しい人々に施しなさい。〔…〕それから、わたしに従いなさい」と言ったとある。このイエスの言を受けて、フランチェスコは一二二一年の『未裁可会則（*Regula non bullata*）』の第一条で「この兄弟たちの規則および生（regula et vita）」は「われらの主イエス・キリストの〔…〕足跡をたどること」であると述べている。また、聖キアラに宛てて記した「最後の意志」では、さらに力を込めて、「わたしはいと高きわれらの主イエス・キリストの生と貧しさの足跡を追いたい」と述べている。

フランチェスコのこれらの述言にアガンベンは着目する。そして、こう言うのである。ここで問題になっているのは、何らかの規範を生に適用するのではなく、ある一つの〈生の形式〉、具体的には福音書に語られている救世主イエスの生をモデルにして構築された〈生の形式〉に従って生きること、すなわち、イエスの生の足跡をたどるなかで、その者の生が形式そのものとなり、それと一致してしまうようになることなのだ、と。

ところで、一二二一年の『未裁可会則』では、第一条でフランシスコ会の「規則および生」を規定して、「われらの主イエス・キリストの〔…〕足跡をたどること」の前に「従順のうちにあって、清廉に、そして自分のものは何一つ所有することなく（sine proprio）生きること」とある。また、この

『未裁可会則』は、修正のうえ、一二二三年にローマ教皇ホノリウス三世（在位一二一六―一二二七年）によって正式に裁可されたが、その『裁可会則（*Regula bullata*）』の第一条でも、「小さき兄弟たちの規則および生は、従順のうちにあって、自分のものは何一つ所有することなく（sine proprio）、清廉に生きることによって、われらの主イエス・キリストの聖なる福音を遵守することである」とされている。「自分のものは何一つ所有することなく」――つまりは「無所有」を原則とするというわけである。

同じく『裁可会則』の第六条には、「主は豊かであったのに、あなたがたのために貧しくなられた。それは、主の貧しさによって、あなたがたが豊かになるためだったのです」と『コリントの信徒への手紙 二』八・九で語られている使徒パウロの言と、「わたしの愛する兄弟たち、よく聞きなさい。神は世の貧しい人たちをあえて選んで、信仰に富ませ、御自身を愛する者に約束された国を受け継ぐ者となさったではありませんか」と信徒たちに呼びかける『ヤコブの手紙』二・五の言を受けて、「これこそは、わたしの親愛なる兄弟たちよ、あなたがたを天上の王国の継承者にして王者として制定し、あなたがたを物においては貧しくすることによって徳においては豊かにしてきた、いと高き貧しさ（altissima pauperitas）の崇高さなのである」とある。

要するに、フランチェスコの起草した会則では、イエスが模範を示してみせた〈生の形式〉に従って生きることと、「無所有」あるいはイエスの実践した「いと高き貧しさ」＝「清貧」を準拠すべきモデルとして生きることとが、区別されることなく等置されていたのだ。

ところが、「無所有」の原則については、すでにフランチェスコの晩年にも、フランシスコ会士たちの説教活動がイタリアからヨーロッパ各地へと拡大していくのにともなって、その厳格な適用を緩和しようとする動きが起きてくる。ローマ教皇庁のほうでも、枢機卿時代にフランシスコ会の保護者を引き受けて『未裁可会則』の修正にも携わったウゴリーノ・ディ・コンティが教皇グレゴリウス九世（在位一二二七―四一年）となって発した一二三〇年の回勅『クオー・エーロンガティ（*Quo elongati*）』（『俗世から遠ざかって』）などで、会則に謳われている「いと高き貧しさ」＝「清貧」の理想を、もっぱら法律的な観点から財の所有権や用益権など「あらゆる法権利の放棄」を意味するものと受けとめるとともに、財の「使用」そのものは認めることによって、フランシスコ会側の会則緩和の動きに積極的に応じようとした。

この会則緩和の動きは、創設者のフランチェスコが一二二六年に逝去して半世紀後の一二六九年に刊行されたフランシスコ会の第八代総長ボナヴェントゥーラ（一二二一頃―七四年）の『貧しさの弁明（*Apologia pauperum*）』で所有権や用益権などの法権利と「事実上の使用（usus facti）」との区別が導入されることによって理論化される。そして、教皇ニコラウス三世（在位一二七七―八〇年）によって、一二七九年の回勅『エクシイト・クイー・セーミナート（*Exiit qui seminat*）』（『種蒔く者が出かけていった』）で正式に裁可されるところとなる。

ところが、この会則緩和の動きにたいしては、あくまでも会則に謳われている「いと高き貧しさ」＝「清貧」の理想に忠実に生きようとする者たち――スピリトゥアル派（聖霊派）――が反対の狼煙《のろし》をあげた。彼らは、財の使用の制限は義務的ではなく、あくまでも道徳的な努力目標にすぎないとする主流派――コンヴェンツァル派（修道制派）――に異議を申し立て、自分たちが理論的指導者と仰ぐペトルス・ヨハニス・オリヴィ（一二四八頃―九八年）の唱える「貧しき使用（usus pauper）」の理論に依拠して、所有権や用益権などの法権利を全面的に放棄するだけでなく、財の使用にかんしても必要最低限にとどめないかぎりは「清貧」の名に値しない、と主張した。

「いと高き貧しさ」＝「清貧」をめぐるスピリトゥアル派とコンヴェンツァル派の対立は、ボナヴェントゥーラの『貧しさの弁明』における立場が教皇ニコラウス三世によって一二七九年の回勅『エクシイト・クイー・セーミナート』で正式に裁可されて以降、激化の一途をたどる。一方、教皇庁の側にも、王権の拡張を狙うフランス王フィリップ四世（在位一二八五―一三一四年）が一三〇二年にイタリアの山間都市アナーニで教皇至上主義を唱えるローマ教皇ボニファティウス八世（在位一二九四―一三〇三年）を捕縛するという事件が起きる。この事件の事後処理に絡んで、同じくフィリップ四世の干渉で、一三〇九年には教皇庁がローマからアヴィニョンに移転させられる（アヴィニョン捕囚）が、そのアヴィニョン教皇庁の最初の教皇となったクレメンス五世（在位一三〇五―一四年）は、一三〇九年、アヴィニョンに両派の代表を招いて「清貧論争」を展開させたりして、調停を図っている。

だが、両派の立場の違いは、そのまま、教皇の教会法的権威と聖フランチェスコのカリスマのどちらを権威とするか、という対立に連なっていた。そうしたこともあって、クレメンス五世の死後、二年の空位期間を置いて、一三一六年に教皇の座についたヨハネス二二世（在位一三一六―三四年）は、一三二二年の大勅書『アド・コンディトーレム・カノヌム（*Ad conditorem canonum*）』（『カノンの起草者たちへ』）で「使用権（ius utendi）」と「事実上の使用（usus facti）」ないし「何らの権利もない使用行為（actus utendi sine iure aliquot）」を区別する可能性を問いに付し、後者は物の破壊と一致する「濫用（abusus）」にほかならないと断じることで、フランシスコ会の「貧しさ（paupertas）」が根拠としていた前提そのものを取り消してしまうのである。

この教皇ヨハネス二二世の大勅書には、当初コンヴェンツァアル派を代表して教皇によるスピリトゥアル派弾圧に加担したフランシスコ会第一六代総長チェゼーナのミケーレ（一二七〇頃—一三四二年）でさえ、さすがに従うわけにはいかなかったと見える。そこで、一三二七年、教皇からアヴィニョンに召喚されて当地での強制居住を言い渡されたミケーレは、一三二八年五月に総長に再選されたのを機に、同月二六日から二七日にかけての夜半、オッカムのウィリアム（一二八五—一三四七年）やベルガモのボナグラーツィア（一二六五—一三四〇年）らと一緒に船でピサへ逃亡するにいたった。

アガンベンは、まずフランチェスコの起草した会則のうちに、およそいっさいの法権利の外にあって人間としての生活と実践を実現しようとする試みを見てとったうえで、創設者の死後にフランシスコ会内部で顕在化することになった右のようなスピリトゥアル派とコンヴェンツァアル派の対立ならびに、それにたいする教皇庁の関与の経緯をつぶさに検討する。そして、検討の結果、フランシスコ会の理論家たちは、彼らが準拠しようとする「いと高き貧しさ」と法権利の関係にこだわりすぎたため、ますます法律的概念の圏域に巻き込まれていき、最終的にはそれに凌駕されて敗北することになった、と指摘している。

全体を総括して、アガンベンはこう述べる。

フランシスコ会の使用の理論で欠落していたのは、まさしくオリヴィのテクストが暗に要求していたように思われる、生の形式という観念との連関を思考する試みである。（Ⅳ－1：一九四頁）

それはまるで、創設者フランチェスコによれば、完全な生としてのフランシスコ会士の生の形式を定義するはずだった“altissima paupertas”（いと高き貧しさ）が、“usus facti”（事実上の使用）の概念と結びつくことによって、その中心性を喪失し、たんに法権利にたいして否定的な性格をもたされて終わってしまったかのようだというのである。

そのうえで、「たしかに、使用の理論のおかげで、フランシスコ会士の生は留保なく法権利の外にある生、すなわち、存在するためには法権利を放棄しなければならない生として主張されることができた。そして、これはたしかに近代がそれに対峙する能力がないことを示してきた遺産であり、わたしたちの時代はそれを思考することさえできないでいるかにみえる」（Ⅳ－1：一九四頁）と認めるとともに、「しかし」と言葉を継いで、こう問いを投げかける。

もし法権利の外にある生が、物をけっして所有することなく使用する生の形式として定義されるとしたなら、その生とは何なのだろうか。そしてもし使用を、所有に対して否定的にのみ定義することをやめるとしたなら、使用とは何なのだろうか。（Ⅳ－1：一九四―一九五頁）

事態の本質に鋭く迫っていて、まことに啓発的な指摘と言うほかない。

これらの問いに答える試みは、必然的に、その鋳型のなかで典礼が何世紀にもわたる過程を経て西洋の倫理と政治を束縛する結果となった、活動性本位の存在論的パラダイム（paradigma ontologico operativo）との対決を要請することとなるだろう。（Ⅳ‐1：一九五頁）

アガンベンは最後にそう付言しているが、この対決については、すでに「序文」で約束されていたとおり、《ホモ・サケル》プロジェクトの最終巻Ⅳ‐2『身体の使用』で取り組まれることになる。なお、イエス・キリストの「いと高き貧しさ」の実践に倣って、所有権をはじめとするいっさいの法権利を放棄したうえで、「事実上の使用」のみを許可するよう教皇庁に要求したフランシスコ会士たちと、一三二二年の大勅書『アド・コンディトーレム・カノヌム』において所有から分離された使用は存在しえないとの理由で彼らの要求を退けた教皇ヨハネス二二世の対立のもつ意味については、すでに二〇〇五年の著作『瀆神』でも、今日の資本主義的消費社会におけるさまざまな「神聖を汚す」行為にまで射程を広げながら、立ち入った考察がなされている。

第Ⅷ章

脱構成的可能態の理論のために

IV-2『身体の使用』(2014年)

1

二〇一四年に公刊された『身体の使用』は、《ホモ・サケル》プロジェクトの最終巻であり、第一部「身体の使用」、第二部「存在論の考古学」、第三部「〈生の形式〉」の三部からなる。第一部と第二部のあいだに置かれた「インテルメッツォⅠ」では、アガンベンが《ホモ・サケル》プロジェクトに着手するにあたって、その「生政治」論から絶大な影響を受けたミシェル・フーコーについて、第二部と第三部のあいだに置かれた「インテルメッツォⅡ」では、同じくその存在論から多くを摂取したマルティン・ハイデガーについて、逸話も交えた総括的な議論がなされている。

また、本論に先立つ「プロローグ」には、《ホモ・サケル》プロジェクトが公刊され始める直前の一九九四年にみずから命を絶った「アンテルナシオナル・シチュアシオニスト（状況主義インターナショナル）」グループの創立メンバーの一人ギー・ドゥボールへの追悼文とおぼしき、哀惜の情にあふれる一文が収められている。そして、「脱構成的可能態の理論のために」と見出しされた「エピローグ」では、プロジェクト全体をつうじて構築に努めてきたのが、アリストテレスのように現実態へと構成されることがなく、どこまでも可能態のままとどまり続けるような「脱構成的可能態（potenza destituente）」の理論にほかならなかったことが明らかにされる。

2

この《ホモ・サケル》プロジェクトの最終巻『身体の使用』には、これまでの仕事を総括しつつ、さらに深く掘り下げられた論点や新たに付け加わった論点が散見される。論の繰り出し方は、ときとしてアクロバットめいていて、接する者をしばしば啞然とさせるかもしれない。しかし、考察そのものは著者が年月を重ねるなかで蓄積してきた豊かな文献学的知識に裏打ちされており、いずれもなかなか説得的である。すでに取り上げられた主題の繰り返しとおぼしき個所も多く見られるが、それはむしろ「反芻」と呼んだほうがふさわしい。同一の主題を何度も何度も反芻しながら、そのつど密度が深まり、射程が広がりを見せていく。高桑和巳が『思考の潜勢力』の「翻訳者あとがき」で的確に表現しているように、アガンベンは「進化ではなく深化する哲学者」なのである。

なかでも注目に値すると思われる点を挙げておくなら、まずは、第一部「身体の使用」で、『いと高き貧しさ』（二〇一一年）において中心的な論点を形成していた「使用」という概念について、アリストテレスが『政治学』で与えている奴隷とは「その働き《エルゴン》（ergon）が身体を使用することにある」という規定を、同じくアリストテレスが『ニコマコス倫理学』で与えている「人間に固有の働きとはロゴスに従って魂が働いていることである」という規定と対照させつつ、人間でありながらその働きが身体を使用することのみにあるという奴隷規定の特異性を浮き彫りにしていることが目を引く。そこから、ギリシア語における中動態の役割についてのエミール・バンヴェニストの考察の評価、使用にたいする配慮の優位を説いたマルティン・ハイデガーの『存在と時間』（一九二七年）の批判的検討、さらにはストア派の倫理学の基礎をなす「オイケイオーシス（oikeiōsis）」＝「自己の自己との親近化」の概念と自己の使用という概念との関連性、等々へと、次から次に敷衍的な考察が繰り出されている。

3

第二部「存在論の考古学」の第一節「存在論的装置」では、アリストテレスが『形而上学』のなかで「存在《オン》（on）とは何か」という問いは「ウーシア（ousia）とは何か」という問いに帰着するとしたうえで、「ウーシア」には、あらゆる現実に存在するもの、ひいてはそれらについての述語作用の根底に横たわっている「基体《ヒュポケイメノン》（hypokeimenon）」という意味と並んで、「ト・ティ・エーン・エイナイ（to ti ēn einai）」という意味があると述べていることにかんしてアガンベンが与えている解釈が注目される。

「ト・ティ・エーン・エイナイ」については、これまでいろいろな訳語があてられてきた。トマス・アクィナスと中世のスコラ学者たちは“quod quid erat esse”と訳していた。そして、ドイツ新カント派の哲学者でプラトンやアリストテレスの著作にも通暁していたパウル・ナートルプ（一八五四―一九二四年）は“das was es war sein”（「それが何であったかということ」）と訳し、ハイデガーの弟子であったルードルフ・ベーム（一九二七―二〇一九年）は“das Sein-was-es-war”（「〈それが何であったか〉存在」）と訳している。一方、アリストテレスの多くの著作を英訳したW・D・ロス（一八七七―一九七一年）は、たんに“essence”（「本質」）と訳している。

アガンベンは、これらの解釈をそれぞれそれなりに妥当なものであるとしながらも、アリストテレスの定式において現在形（“esti”）ではなく過去形（“en”）が使用されているという事実、つまりは存在の定義に時間が導入されているという事実に、ことのほかこだわる。と同時に、それはクロノロジカルな時間ではなく、知性が基体と本質の分節化を実現するために採用する「操作時間」のようなものだと捉えている。

「操作時間（temps opératif）」というのは、フランスの言語学者ギュスターヴ・ギヨーム（一八八三―一九六〇年）によって一九二九年の著作『時間と動詞（*Temps et verbe*）』のなかで提起された時間概念である。そこでは「心がある時間イメージを実現するために用いる時間」と定義されている。そして、この「操作時間」を用いて時間のクロノロジカルな表象の上に時間イメージの形成過程についての表象を投影してみれば、ギヨームが「クロノジェネティック（時間生成的）」と呼ぶ、時間のもはや直線的ではなく三次元的な表象を獲得することが可能になると説明されている。この概念について、アガンベンは『残りの時』（二〇〇〇年）でも取り上げ、メシア的時間の構造の考察に活用していた。それが今回は「ト・ティ・エーン・エイナイ」の解釈に適用されているのである。

4

だが、これらにもまして注目されるのは、第二部の第二節「ヒュポスタシスの理論」と第三節「様態的存在論のために」で詳説されている「様態的存在論」ではないだろうか。

そこでは、ストア派の存在論に初めて登場したあと、新プラトン主義を筆頭にさまざまな哲学的流派のなかで古典時代の「ウーシア」に代わって現実存在を指すための流行語になってきた「ヒュポスタシス」的存在論が批判的検討に付されている。アガンベンの解釈によると、プロティノス（二〇五頃―二七〇年頃）の『エンネアデス』に代表される新プラトン主義的思想潮流は、何とかして存在を超越した地点に「一者」を配置転換しようと努力しながら、現実存在を「ヒュポスタシス（hypostasis）」としてしか、すなわち、その超越の過程の物質的な残滓および沈殿物としてしか把握できずにいた。そのアポリアを解消するための唯一の道としてスコラ学者たちが着目してきたのが「様態（modus）」という概念であり、それはトマスとドゥンス・スコトゥス（一二六六―一三〇八年）からフランシスコ・スアレス（一五四八―一六一七年）にいたるまでの個体化の原理をめぐる議論を受けて、一三世紀後半から一四世紀はじめにかけて著作をものした聖アウグスチノ会修道士のエジディオ・ロマーノ（ラテン名アエギディウス・ロマーヌス）（一二四七頃―一三一六年）によって、聖体の秘跡の意義に即して最初の主題的な錬成を見ることになるという。

ここに開かれた「様態」論は、しかしまたアリストテレス的存在論の伝統の枠内にあって展開されていたために乗り越えがたい限界にぶちあたり、別の概念体系を要請することになった次第が、一八世紀初頭にイエズス会士バルトロマイウス・デ・ボス（一六六八―一七三八年）とゴットフリート・ライプニッツ（一六四六―一七一六年）のあいだで交わされた往復書簡をつぶさに検討することをつうじて浮き彫りにされる。と同時に、カバラーの伝統を背景にもつバールーフ・デ・スピノザ（一六三二―一七七年）の「内在的原因」という概念において、伝統的存在論の抱えるもろもろの矛盾を超えたところで「実体」と「様態」の関係を把握するための鍵が提供されていたことの論証が試みられている。精読されてしかるべきではないかと思う（もっとも、アガンベンはエジディオ・ロマーノを同じ聖アウグスチノ会修道士のエジディオ・ダ・ヴィテルボ（一四六九―一五三二年）と取り違えるという、とんでもないポカをしでかしている。このことは言い添えておかねばならないとしてもである）。

5

『みすず』二〇一五年一一月号の「ヘテロトピア通信64――関係の彼方へ」でも述べておいたが、プロティノスが『エンネアデス』第六論集第九論文「善なるもの一なるもの」で神々と「神々のごとき幸福な人々」、すなわち哲学者たちの生活を定義するのに用いている「ピュゲー・モノウ・プロス・モノン（phygē monou pros monon）」＝「単独者のもとへの単独者の亡命」という定式について、アガンベンが第三部「〈生の形式〉」第六節で提示している解釈も注目される。

アガンベンによると、「ピュゲー・モノウ・プロス・モノン」という定式において賭けられているのは、親密さのなかにあっての亡命、自己のもとにあっての自己の追放である。この結果、哲学は同時に超ポリス的でもあれば非ポリス的でもある生を構築する試みとして提示されることになるという。それはポリスから追放されて切り離されながらも、「単独者のもとへの単独者の亡命」という形式をもつ「関係なき関係（non-relazione）」のうちにあって、親密で自分自身から切り離せないものに転化する。〈生の形式〉とは、「もはや紐帯というかたち、剝き出しの生の排除‐包含というかたちをとらず、関係をもたない親密さ（un'intimità senza relazione）というかたちをとる、この追放のことにほかならない」（Ⅳ‐2：三九六頁）――そうアガンベンは主張している。

アガンベンは、「エピローグ」でも注意を促しているように、《ホモ・サケル》プロジェクトのⅠ『ホモ・サケル――主権的権力と剝き出しの生』（一九九五年）のなかで、カフカの寓話「法の前に」を題材にとった「主権の逆説」についての考察を締めくくって、「主権とはまさしく、この「わたしたちがそこへと遺棄されてある、法の彼方の法」〔…〕なのであり、遺棄の存在をあらゆる法観念〔…〕の彼方で思考することができて初めて、主権の逆説から脱して、いかなる禁令＝追放からも解き放たれた政治へとおもむくことができると言ってよいだろう」（Ⅰ：九〇頁）と書いていた。このアガンベンの言葉にいたく心を動かされたわたしは、『大航海』第五〇号（二〇〇四年四月）で「カフカ」についての特集が組まれたさいに編集部から求められて寄稿した論考「法の〈開いている門〉の前で」の末尾に、「わたしたちもまた「政治を関係の彼方で思考する」ことを試みてみようではないか」と書きつけておいた（本書第Ⅲ章）。『身体の使用』におけるアガンベンの「ピュゲー・モノウ・プロス・モノン」の解釈は、それ以来、心にとめながらも実行するまでにはいたらなかった「政治を関係の彼方で思考する」試みに今一度のあと押しをしてくれそうである。

6

最後に、「エピローグ」では、本章の冒頭でも紹介したように、「脱構成的可能態の理論」に向けての稠密な議論が展開されている。

議論は、まず《ホモ・サケル》プロジェクトの主題をなす「政治の考古学」が意図していたのは、西洋における政治の本源的な構造そのものを問いに付し、政治の基礎を構成しており、それのなかで正体があますところなくあらわにされると同時に、頑固に隠されたままになっていた統治の奥義《アルカーヌム・インペリイ》を明るみに出すことだった、と断ったうえで、その西洋における政治の本源的な構造は、エクス‐ケプティオー（ex-ceptio）、すなわち、人間の生を「剝き出しの生」という形態で排除すると同時に包含することにあったこと、その「剝き出しの生」の扱い方に典型的な形で見られるエクス‐ケプティオー（包摂的排除）の構造は、もっと一般的に、あらゆる分野において、法律的‐政治的伝統のなかだけでなく、存在論のなかでも始元《アルケー》の構造を構成してきたことを再確認することで開始される。アガンベンはこう述べている。

　戦略はつねに同じである。すなわち、何ものかが根底のところで分割され、除外され、排斥される。そしてまさしくこのようにして排除されることをつうじて、始元《アルケー》および根拠として包摂されることとなる。（IV‐2：四四〇頁）

《ホモ・サケル》プロジェクトのII‐1『例外状態』（二〇〇三年）では、西洋の法律的‐政治的機械《マシーン》は、狭い意味での規範的かつ法律的な要素――「ポテスタース（potestas ＝権力）」――と非規範的で法律外的な要素――「アウクトーリタース（auctoritas ＝権威）」――という、二つの異質の、しかしまた親密な関係にあるものとして配置された要素からなるとされていた。規範的で法律的な要素は、生に適用されうるためには、非規範的な要素を必要とするが、その一方で、アウクトーリタースはポテスタースと関連づけられて初めてみずからを確立し、意味あるものとなることができる。例外状態というのは、究極的には、法律的‐政治的機械《マシーン》の二つの側面を分節化することで、アノミーとノモス、生と法権利、アウクトーリタースとポテスタースのあいだに、どちらとも決定しえないものの〈閾《いき》〉を打ち立てるべき任務を担った装置にほかならないことが明らかにされていた。また、II‐4『王国と栄光』（二〇〇七年）でも、これと似た構造が王国と統治、働かないでいること（inoperosità）と栄光との関係のなかで明るみに出された。すなわち、栄光は人間的および神的な生が働かないでいる状態にあることを経済的《オイコノミア》‐統治的機械《マシーン》の内部に捕縛することへと差し向けられた装置として姿を現わしていたことが解明された。

これらの点を確認したうえで、アガンベンは、ヴァルター・ベンヤミンが「暴力批判論」（一九二一年）で定立した「法を措定する暴力」と「法を維持する暴力」の関係を念頭に置きつつ、近代思想においては、もろもろのラディカルな政治的変化はいずれも「構成する権力（potere costituente）」という概念をつうじて思考されており、憲法によって構成された権力（potere costituito）はどれも、通常は革命という過程を経て、それを存在させ、保証する、そのような「構成する権力」を起源に想定している、と言う。そして、この「構成する権力」と「構成された権力」の関係については、すでに《ホモ・サケル》プロジェクトのI『ホモ・サケル』（一九九五年）の第一部第三章でも、締め出しないし遺棄の関係として明確化することに努めてきたことに読者の想起を促しつつ、こう主張している。

もし始元《アルケー》の構造にかんするわたしたちの仮説が正しいとするなら、そしてもし基本的な存在論的問題が今日では働きではなくて働かないでいることであるとするなら、しかしまた働かないでいることが立証されうるのは働きにたいしてのみであるとするなら、そのときには、従来とは異なった政治像へのアクセスは「構成する権力」という形態ではなく、なにかわたしたちが暫定的に「脱構成的可能態（potenza destituente）」と呼ぶことができるものの形態をとることになるだろう。そしてもし構成する権力には革命、蜂起、新しい憲法、すなわち、新しい法権利を定立し構成する暴力が対応するとしたなら、脱構成的可能態のためにはまったく別種の戦略を考案する必要があるだろう。それを定義することが来たるべき政治の任務なのである。（Ⅳ－２：四四四頁）

《ホモ・サケル》プロジェクトのI『ホモ・サケル』第一部第三章では、アリストテレスにおけるデュナミス（可能態）とエネルゲイア（現実態）の関係に引き寄せて、こう述べられていた。

> まさに存在しないこともできるということをつうじて現実態との関係を維持しているという可能態の構造には、みずからの適用を外すことによって例外化にみずからを適用するという主権的締め出しの構造が対応する。可能態とは（なすことができるということと、なさないでいることができるということの、その二重の側面において）、存在が主権的に、すなわち、存在しないことができるということ以外には何ら存在に先行し、存在を規定することなく、みずからを根拠づける仕方のことなのだ。そして、存在しないことができるという、みずからの可能性をただたんに除去して、その可能性を存在するままにしておき、みずからをみずからに贈与することによって、みずからを実現する現実態こそは、主権的である。（I：七一―七二頁）

そして、締め出しはここでは「関係の限界形式」として姿を現わすことが指摘され、あらゆる関係の形象から――主権的締め出しという関係の限界形式からでさえ――解き放たれた存在論と政治のプロジェクトを提案して、論述は閉じられたのだった。

7

脱構成的可能態については、もろもろの存在論的‐政治的関係をそのつど廃棄して、それらを構成している要素のあいだに「接触」を出現させることのできる力をもつ可能態のことである、とも説明されている。ここで言われる「接触」とは、ニーチェのイタリア語版全集の監修者として知られるジョルジョ・コッリ（一九一七—七九年）が、没後に出版されたノート『さまよえる理性（*La ragione errabonda*）』（一九八二年）のなかで、ティゲイン（thigein）＝「触れること」としての思考の活動というアリストテレスの規定を発展させ、二つの存在者が表象の空虚によってのみ切り離されている形而上学的間隙ないし瞬間を指して呼んだもののことである。コッリはこう記している。

接触において、二つの点は、両者のあいだには何も存在しないという限定された意味において接触している。接触は表象行為の無、しかしまた、ある確かな無の存在を指示している。なぜなら、存在しないものは、それに空間的‐時間的な位置づけを与えるからである。

これを受けて、アガンベンは言うのだ。

たとえば、いっしょにさせていると言い張っていた紐帯が無であることをあるひとつの脱構成的可能態がさらけ出してみせる地点で、剝き出しの生と主権的権力、アノミーとノモス、構成する権力と構成された権力とは、なんらの関係もないままに互いに接触していることが明らかとなる。しかし、まさにそうであるからこそ、自分から分かたれて例外化のなかに捕縛されてしまっていたもの——生、アノミー、アナーキーな力——は、いまや、その自由でいまだ賞味されたことのない形態において姿を現わすのである。（Ⅳ‐2：四五五頁）

さらには、「ここにいたって、脱構成的可能態とわたしたちが研究の過程で「働かないでいること」という言葉で呼んできたものとが近接した関係にあることが明確に示される」（Ⅳ‐2：四五五頁）ともアガンベンは言う。「どちらの場合にも問題になっているのは、何ものか——人間の権能、機能、作用——を単純に破壊するのではなくて、不活性化し働かなくさせることのできる能力、しかしまた、それのなかで実現されないままになっている潜在的な可能性を解き放ち、それの異なった使用を可能にすることによって、そうすることのできる能力なのだ」（Ⅳ‐2：四五五頁）というわけである。そして、その脱構成的であって破壊的でも構成的でもない戦略をとった一つの見本を、メシアと律法の関係を「働かなくさせる」ないし「不活性化する」を意味する「カタルゲイン（katargein）」という動詞で表現したパウロのうちに見てとる。

このあとには、アリストテレスの言う「デュナミス」と「エネルゲイア」の装置がこのようにして不活性化される時点では、可能態は〈生の形式〉（forma-di-vita）に転化する、という述言が続いている。〈生の形式〉はその組成からして脱構成的であるというのだが、すべての生きている存在は生の形式のうちにあると言うことができる。だが、アガンベンによると、それらはすべてが〈生の形式〉であるわけではない（あるいは、つねにそうであるわけではない）。アガンベンは次のように説明している。

〈生の形式〉が構成される時点では、それはすべての個別的な生の形式の権利を剝奪し働かなくさせる。生を生きることによってのみ、〈生の形式〉が構成されるのである。あらゆる生に内在する、働かないでいることとしてである。すなわち、〈生の形式〉を構成するということは、その生がそのなかに投げ出されているのが見いだされるもろもろの社会的および生物学的条件の権利を剝奪することと全面的に一致するのである。この意味においては、〈生の形式〉はすべての作為的な召命の取り消しであって、それらのなかでみずからを維持しそれらのなかに住まう仕草をしながら、内部から異態化し緊張のもとに置く。（Ⅳ－2：四六三頁）

そして、そのときには、西洋哲学の伝統が観想的生活と働かないでいることとに本質的な機能を割り当ててきた理由が了解されると言う。

〈生の形式〉、本来の意味で人間的な生とは、生きもののもろもろの種的な働きと機能を働かなくさせることによって、それらをいわば空転させ、このようにしてそれらを可能性へと開くもののことなのだ。この意味においては、観想と働かないでいることとはアントロポゲネシス〔人間の発生〕の形而上学的操作子であって、生きている人間をあらゆる生物学的および社会的な運命とあらゆるあらかじめ決められた任務から解放することによって、わたしたちが「政治」および

「芸術」と呼ぶのに慣れている特別の働きの不在状態に利用できるようにするのである。政治と芸術とは任務でもなければたんに「働き」でもない。それらはむしろ、もろもろの言語的および身体的な活動、物質的および非物質的な活動、生物学的および社会的な活動が不活性化され、そのようなものとして観想されて、それらのなかに囚われたままになっていた、働かないでいることを解き放つ次元を名指ししている。そしてこのことのうちにこそ、哲学者〔スピノザ〕による と人間が希望することができるという最大の善、すなわち、「人間が自己自身および自己の活動能力を観想することから生まれる喜び」は存しているのである。(Ⅳ-2:四六四頁)

8

この「エピローグ」の締めくくりの言葉でもって、一九九五年以来、二〇年間にわたって展開されてきた《ホモ・サケル》プロジェクトにはひとまず終止符が打たれることになった。アガンベンが『身体の使用』の「まえおき」で「本書で読者は探究を最初から方向づけてきたいくつかの概念——使用、要請、様態、〈生の形式〉、働かないでいること、脱構成的可能態——についての反省に出会うだろう」(Ⅳ-2:一頁)と予告したうえで断っているところによると、「その探究は、他のあらゆる詩作と思索の仕事もそうであるように、けっして終結することはありえないのであって、ただ放棄されうる(そしてひょっとして他の者たちによって継承されうる)にすぎないのである」(Ⅳ-2:一—二頁)。

ここでアガンベンが放棄した未完のプロジェクトを継承するのは、だれなのか。アガンベンより一歳年長のわたしには、もはや継承する余力も資格もない。若い諸君の奮起を期待するのみである。

エピローグ　「まだ書かれていない」作品

1

アガンベンは『インファンティアと歴史』（邦題『幼児期と歴史』）（一九七八年）のフランス語版（一九八九年）に「言語活動の経験」と題する序文を寄せている（*Enfance et histoire: destruction de l'expérience et origine de l'histoire*, traduction de l'itlaien par Yves Hersant, Paris: Payot, 1989）。この序文は、その後、同書のイタリア語増補版（二〇〇一年）にも序文として配されたが、そのなかで「まだ書かれていない」（一頁）ある一つの作品の構想について語っていた。その作品のタイトルは『人間の声』ないし『エチカ、あるいは声について』であるという。

人間の声は存在するのか。ミンミンというのが蟬の声であり、イーアンというのが驢馬の声であるように、人間の声であるといえるような音声は存在するのだろうか。存在するとして、この声は言語活動なのだろうか。音声と言語活動、フォーネーとロゴスとの関係はどのようなものなのか。人間の声のようなものが存在しないならば、どのような意味において人間はなおも言語活

動をもった動物として定義されうるのか。（二一頁）

こういった人間の声にまつわる問題こそが「まだ書かれていない」作品の主題をなす、とアガンベンは言うのだ。この問題はすぐれて哲学的な問題であるにもかかわらず、哲学はこれまでそれを主題的に提起することをほとんどしてこなかった、との判断に立ってである。

このフランス語版への序文では、『インファンティアと歴史』の初版でくわだてられたインファンティア、すなわち人間がいまだ言語活動をもたずにいる状態についての省察を振り返って、現代思想のさしせまった任務の一つは、超越論的なものの概念を言語活動との関係において定義し直すことである、という確認がまずなされている。アガンベンによると、カントが超越論的なものの概念を定立することができたのは、言語活動の問題をなおざりにしたかぎりにおいてのことだった。それにたいして、今日では、「超越論的」とは、ただ言語活動のみに支えられた経験、そこにおいて経験されるのが言語自身であるような、本来の意味での「言語活動の経験」をこそ指すのでなければならないという。そして、このタイプの「言語活動の経験」が、インファンティアにほかならないのだった。

そこでは、言語活動の限界は言語活動の外部、その指示対象のほうに探し求められるのではなく、言語活動そのものの経験のうちに、その純粋の自己言及性のうちに求められる。（六頁）

そのうえで、アガンベンは問う――どのようにすれば、ある対象についてではなく、言語活動そのものについて経験するというようなことが可能になるのだろうか、と。そして、この問いにみずから答えて言うのだ——それはフーコーが「言語がその剝き出しの状態のまま陳列されている」と呼んだような「まったく空虚な次元」——カントにとっての限界概念である「空虚な空間」——に身をさらすことによってしか可能にはならない、と（七頁）。

ところで、一九七八年に『インファンティアと歴史』が上梓された時点では、そのような超越論的な「言語活動の経験」の場所は、ソシュールの言う「ラング」と「パロール」、あるいはバンヴェニストの言う「記号論的なもの」と「意味論的なもの」の差異のうちにある、とされていた。そうした差異のなかにインファンティアのまま住まうことをつうじて経験されるものが、「言語活動の経験」ということで経験されるものにほかならない、と了解されていたのだ。それにたいして、人間の声にかんする「まだ書かれていない」作品のなかでは、その超越論的経験の場所は、むしろ音声と言語、フォーネーとロゴスの差異のうちに求められるという。その差異こそが動物の声と区別された人間の声の特性であり、ひいてはエチカおよびポリスに固有の空間を開示するというのである。

しかも、そのさい、アリストテレス以来の西洋の伝統では、動物の声と人間の声の差異は前者が混濁して不明瞭であるのにたいして、後者は分節化されていて明瞭である、という点にあるとされてきた。そして、その分節化を可能にしているものが文字——グランマタ——にほかならないとみなされてきた。しかし、それにたいして、アガンベンが胸中であたためている「まだ書かれていない」作品では、音声と言語の差異がエチカおよびポリスの空間を開示することができるのは、まさにフォーネーとロゴスのあいだには分節化が存在しないからだ、という仮説が立てられるという。

声はけっして言語活動のなかには書きとめられてはいない。そして、文字というのは（デリダの思想がつとに明らかにしてくれているように）自己前提と権能の形式そのものでしかない。声と言語活動とのあいだの空間は、カント的意味においての空虚な空間、限界なのだ。人間は、声によってそこに導き入れられることなく、言語活動のなかに投げ込まれているからこそ、〈言語活動の経験〉のなかで、「文法」なしに、この空虚、この音声なき状態にみずから身をさらすからこそ、エートスのようなもの、そして共同体が、彼にとって可能となるのである。（一三頁）

2

これはまた、何とも野心的と言うほかない構想である。そして、読者の期待をいやがうえにも高めてやまないものがある。が、あれから三〇年が経過した今日もなお、その作品は「まだ書かれていない」。ただ、その間に計画された《ホモ・サケル》プロジェクトも、二〇一四年九月に最終巻にあたるⅣ-2『身体の使用』が公刊され、次いで遅ればせながら二〇一五年二月にⅡ-2『スタシス——政治的パラダイムとしての内戦』が出版されたことで、ようやく終止符が打たれた。

そんな事情も手伝ってか、アガンベンはその「まだ書かれていない」作品の主題に、二〇一六年刊の『哲学とは何か』のなかで、どうやらふたたび取り組み始めたようである。

『哲学とは何か』は五本の覚え書きで構成されているが、それらのうち一番目に配されている覚え書き「音声の経験」では、一九八九年のフランス語版『インファンティアと歴史』への序文「言語活動の経験」で打ち明けられていた「まだ書かれていない」作品の構想が再度、取り上げられている。そして、そこに同じく一九八〇年代に「言語活動の経験」に先だって書かれた三本の覚え書き――「*se ――絶対者と生起」(一九八二年)、「事柄それ自体」(一九八四年)、「記憶の及ばないものの伝承」(一九八五年)(いずれも、その後『思考の潜勢力』に収録)――をも織り込みつつ、議論を新しい方向に展開していくことが試みられている。

このように、一番目の覚え書きは、実質上、一九八九年にフランス語版『インファンティアと歴史』に「序文」として寄せられたエッセイの"up-to-date"版と見てよいものである。だが、議論の新しい方向への展開ということでは、何よりも文字をつうじて以外のやり方で音声と言語活動の関係を思考することは可能なのだろうかと問うなかで、プラトンが『ティマイオス』で「コーラ」=「場所」と呼んでいる、可感的なものと可知的なものとならんで存在の第三の類をなすものに着目しているのが目を引く。

プラトンによると、コーラは受容器もしくは刻印板のようなものであって、すべての可感的形態に場所を提供するが、けっしてそれらと混ざり合って見分けがつかなくなることはない。それは本来の意味での可感的なものでもなければ、本来の意味での可知的なものでもないが、夢の中でのように、「感覚作用が欠如しているなかで、さまざまなものが雑多に混ざり合った推論をおこなうことによって」(四四頁)知覚されるようになるのだという。このプラトンの定義を受けて、アガンベンは音声を言語のコーラとして捉えようとする。
　そして言うのだ——そのときには、音声は言葉《ロゴス》の生起するなかにあって、わたしたちが言葉《ロゴス》には還元しえないものとして知覚するものであることが明らかになる、と。たえず言葉《ロゴス》に随伴していながら、たんなる音でもなければ、意味表示をおこなう言述行為でもなく、両者の交差する地点にあって、感覚作用が欠如しているなかで、指示対象をもたない推論をおこなうことによって知覚する「経験しえないもの」だというのである。それは、そのようなものであるかぎりにおいて、けっして言語のなかに書き込まれることのなかった音声であり、文法的エクリチュールが歴史的に伝達されていくなかで、執拗に「書きこまれることのできないもの」であり続けている（四四頁）。ジャック・デリダのコーラ解釈とのあいだにうかがえる微妙な異同を見落とさないようにしたい。

3

三番目の覚え書き「言い表しうるものとイデアについて」でアガンベンが提示しているプラトンのイデアについての解釈も目を引く。

　この覚え書きでは、言い表しえないものではなく、言い表しうるものこそが、哲学がみずからを測定しようとするたびに立ち戻らなければならない問題をなすことが確認されたのち、ストア派の言う「言い表しうるもの」——レクトン——について、それは一般にそう受けとられてきたような論理学的な概念ではなく、存在論に属する概念であることが明らかにされる。

そのうえで、セクストス・エンペイリコス（二世紀）の『学者たちへの論駁（*Adversus mathematicos*）』で引用されているストア派の原典資料に出てくる「意味されるものとは、音声によって明らかにされるかぎりにおいての事柄それ自体である」という述言を「言い表しうるもの」の学説についてのあらゆる解釈の出発点となるべき述言として捉えるとともに、このストア派の原典資料とプラトンが『第七書簡』で語っている「哲学的余談」とのあいだには注目すべき類似点があることに読者の注意が喚起される。そのうえで、「ストア派はイデアに「言い表しうるもの」を置き換えた、あるいは――少なくとも――イデアの場所に「言い表しうるもの」を置いた」という仮説が提示される（七七頁）。ストア派のレクトン＝「言い表しうるもの」がプラトンのイデアの換称ではないかという点にかんしては、従来の研究者の見解はおおむね否定的だった。その通説に異が唱えられているのである。

なかでも特記されるのは、プラトンの『第七書簡』の「哲学的余談」中にイデアの具体的一例として登場する「アウトス・ホ・キュクロス（αὐτὸς ὁ κύκλος）」＝「円それ自体」という連辞の意味するところについての分析である。

プラトンは、「アウトス＝それ自体」という前方照応《アナフォラ》的代名詞を置くことによって、イデアの性質を言語的に表現しようとしている。これをアリストテレスは問題の多い措置と受けとめた。だが、アガンベンによると、アリストテレスにとってはアポリア的なものでしかなかった「アウトス＝それ自体」という代名詞の使用こそが、イデアと可感的事物のあいだの同名異義的な関係を中和することを可能にするとともに、プラトンにとってイデアにおいて何が問題になっていたのかを理解することを可能にしたのだ。

代名詞“αὐτός”は（「同じ」という意味で名詞の近くに置かれた場合には）ギリシア語で二つの仕方で構築される。同一性（ラテン語の idem）を表現するか、自体性（ラテン語の ipse）を表現するか、のいずれかである。“ὁ αὐτὸς κύκλος”は「同じ円」（同一性という意味においての）を指し、これにたいして、“αὐτὸς ὁ κύκλος”は、わたしたちがいま明確にしようとしており、プラトンがイデアのために利用している特別の意味においての「円それ自体」を指している。〔…〕ギリシア語の冠詞“ὁ”はもともと前方照応《アナフォラ》的代名詞の価値をもっていて、言われ名指しされたものであるかぎりでの事物を指している。このために、のちになってはじめて、それはアリストテレスが「全体にしたがって（καθ' ὅλου）」と呼ぶ指示作用、たとえば、個々の円と対置された「円なるもの」一般、普遍的な円を指示する価値を獲得することができるようになるのである〔…〕。

そのうえ、明らかなことであるが、第五のもの、円それ自体（αὐτὸς ὁ κύκλος）は、プラトンが倦むことなく強調しているように、余談のなかで挙げられている三つの要素のどれにも、「円」という名詞にも、その潜在的指示対象（これは定義と同一のものであって、「円」という普遍的な語に対応する）にも、可感的な個々の円（現実に存在する指示対象）にも、関連づけられることはできない。また、それは〔…〕認識やそこからわたしたちが知性のなかで形成する概念にさえも関係づけられることができないのである。（九六—九七頁）

しかしまた、それはたんにそれらと別のものでもない。それは、どんな場合にも四つのもののそれぞれのなかで問題になっていながら、同時に、それらに還元されることがないままになっているものである。すなわち、それをつうじて円が言い表しうるものとなり認識しうるものとなるところのものなのだ。アリストテレスが述べているように、イデアは固有の名前をもたないというのが真実であるなら、しかしながら、それは前方照応《アナフォラ》のおかげで、事柄と完全に同名異義的な関係にあるわけでもない。「事柄それ自体」として、それは事柄をその純粋の言表可能性において意味表示する。名前をそれが事柄を名指す純粋のありようにおいて意味表示する。そのようなものとして、すなわち、それのなかでは事柄と名前とがあらゆる意味表示作用の此方または彼方で分かちがたく共存しているかぎりで、イデアは普遍的なものでも個別的なものでもなく、第三者としてこの両者の対立を中和化するのである。（一〇一―一〇二頁）

文献学者アガンベンの面目躍如といったところである。

この三番目の覚え書きでは、イデアとコーラにかんする問題がふたたび取り上げられるとともに、さらに掘り下げた考察がなされている。「アガンベンは進化ではなく深化する哲学者である〔…〕。この哲学者の関心や主張はそれほどまでに一貫しており、私たちが想像するよりはるかに揺らぎがない」と高桑和巳は『思考の潜勢力』日本語訳の「翻訳者あとがき」で評しているが（五〇六頁）、その評言はこの場合にもぴったりあてはまる。

イデアとコーラにかんしては、要請の概念について論じた二番目の覚え書きでも言及されている。要請は事実の領域とも理念的なものの領域とも一致しない。それは、むしろプラトンが『ティマイオス』のなかでイデアと可感的なものの中間にあって、事物に場所（コーラ）を提供する存在の第三の類と定義している意味での質料である。そして、イデアとは、そのあらゆる実現態のうちに未決定のまま残っている要請であり、目覚めを知らない眠りである、と言うのである。

4

一九八九年にフランス語版『インファンティアと歴史』に「序文」として寄せられたエッセイ「言語活動の経験」は「書かれた作品はすべて、まだ書かれていない作品のプロローグ〔…〕とみなすことができる」（一頁）という書き出しで始まっていた。この書き出しを引き継いででもあろうか、「序文を書くことについて」と題された四番目の覚え書きでは、「哲学はあらゆるディスクールを序文の位置へと運んでいくディスクールである」（一六九頁）として、哲学的言述が本性上、序文的ないしプロローグ的なものであらざるをえないことがあらためて確認されたのち、「序文はエピローグに変容させられなければならない。プレリュード〔前奏曲〕はポストリュード〔後奏曲〕に変容させられなければならない」（一七一頁）という補正がなされつつ、いずれにしても本論は不在であることが強調されている。

ルドゥス〔本奏〕は、なされないままに終わらざるをえない。

哲学者が書いているすべてのこと——わたしが書いてきたすべてのこと——は、書かれていない作品への序文、あるいは——結局は同じことであるが——ルドゥスが不在のポストリュード以外のものではない。（一七一頁）

そして、「おそらく、このことは、哲学的エクリチュールが関係しているのは言語活動をつうじて語りうるものとではなくて、ロゴスそれ自体、言語活動が言語活動として生じるという純粋の事実とである、ということを意味している」（一七一頁）という説明が付け加えられる。これは、この本のタイトルに採用されている「哲学とは何か」という問いにたいするアガンベンの直截的な回答と受けとってよいのではないかと思う。

「まえおき」には、ここに収録されているテクストは「なんらかの仕方で本書のタイトル『哲学とは何か』の問いに答えたものである」（一頁）とある。しかし、ここまで見てきた覚え書きでは、アガンベンはこの問いに直接答えることをしていない。そうしたなか、ここではめずらしく、「哲学とは何か」という問いに直接答えようとしている。しかも、簡潔にして的を射た回答である。

それにしても、「哲学者が書いているすべてのこと——わたしが書いてきたすべてのこと——は、書かれていない作品への序文、あるいは——結局は同じことであるが——ルドゥスが不在のポストリユード以外のものではない」とは、どういうことだろうか。本文そのものはいつまで待ってもついに書かれることはない、ということなのだろうか。

5

三番目の覚え書きには、哲学こそ「最高のムーサ的なもの」であり、それどころか「ムーサそれ自体」である、というプラトンの規定を引き合いに出しつつ、哲学的なディスクールの本領はあらゆる言語をムーサ的なものにおけるその始元にまで連れていくことにある、と主張したくだりが出てくる。ムーサとは、ギリシア神話に登場する大神ゼウスと記憶の女神ムネモシュネのあいだに生まれた——ヘシオドスの『神統記』によると——九柱からなる女神のことで、それぞれが詩歌ないし文芸をつかさどるとされる。

付録「詩歌女神《ムーサ》の至芸——音楽と政治」では、この三番目の覚え書きでの言及を敷衍する形で、「哲学は今日、音楽の改革としてのみ生じうる」（一七五頁）という主張がなされている。「ムーサたちの経験、すなわち言葉の起源と生起の経験を音楽〔…〕と呼ぶとするなら、そのときには或る社会および或る時代において音楽は人々が言葉の出来《しゅったい》とのあいだに形成する関係を表現し統御していることになる」（一七五頁）。ギリシア語の“μουσική”やラテン語の“musica”をはじめとして、「音楽」を指すヨーロッパ諸語が「ムーサたちの技芸」を原義としていることに着目したところからの主張であるが、これまた、一九八九年のフランス語版『インファンティアと歴史』への序文「言語活動の経験」のなかで「まだ書かれていない」とされていた作品の主題として挙げられ、『哲学とは何か』に収録されている一番目の覚え書きのタイトルにもなっている「音声の経験」とも密接に関連している。全体の議論を締めくくるにふさわしい述言である。

今日では、言語活動はけっしてみずからの限界に突きあたることのないおしゃべりになってしまっている。〔…〕縁《へり》も境界もない言語活動にもはやムーサによって調律されていない音楽が対応しており、みずからの起源に背を向けた音楽に内実も場所ももたない政治が対応している。〔…〕わたしたちの社会は――そこでは音楽があらゆる場所に熱狂的に浸透しているようにみえるが――、現実にはムーサによって調律されていない（あるいは非ムーサ的に調律された）最初の共同体なのだ。社会全体を一般的な抑鬱状態あるいは無感動状態が覆っているという感じがするのは、言語活動とのムーサ的なつながりが喪失し、その結果である政治の日蝕をひとつの医学的症候群《シンドローム》であるかのように装ったものでしかない。（一九一頁）

この最後の覚え書きの最後に記された音楽の現状にたいする悲観的な診断からは、現在のアガンベンの立ち位置がどのあたりにあるのかが透けて見えてくるようだ。

あとがき

確か、一九九九年末か二〇〇〇年はじめだったと思う。かねてより面識のあった小林浩という若い編集者が当時勤めていた作品社を退職して、月曜社という出版社を友人の神林豊と二人で起ち上げることになったということで、自宅に挨拶にやって来た。そして、ジョルジョ・アガンベンという哲学者がいて注目しているのだが、できれば訳出してくれないか、と言って、その哲学者の最新著を何冊か置いていった。これが、わたしがアガンベンと出会うことになった、そもそものきっかけだった。

小林浩が置いていったアガンベンの著書にさっそく目を通したわたしは、彼の書くものにすっかり魅了された。と同時に、これまで見過ごしていたことを悔いる羽目にもなった。

なかでも目を引いたのは、アガンベンが一九九五年から取り組み始めたという《ホモ・サケル》プロジェクトのⅢ『アウシュヴィッツの残りのもの』における証言論だった。

アガンベンが同書で展開している〈証言〉についての考察は、まことに啓発的な考察だと思った。数年前の一九九五年には、記録資料をいっさい使わず、ナチスの絶滅収容所での被害者であるユダヤ人と加害者であるドイツ人、それに傍観者だったポーランド人の記憶にもとづく証言だけに依拠して製作されたクロード・ランズマン監督のフィルム『ショアー』（一九八五年）が日本でも上映されていた。そして、大きな反響を呼んだが、アメリカ合州国の批評家ショシャナ・フェルマンは、このランズマンのフィルム『ショアー』について論じた『声の回帰』（一九九二年）で「アウシュヴィッツ以後の証言の時代における証言の危機」を指摘した。

ホロコーストとかショアーと総称される出来事の真実を真の意味で語りうるためには、それを内部から語ることができなければならない。しかしながら、それは不可能と言うほかない。なぜなら、証人とその証言行為はハンナ・アーレントの言う「忘却の穴」に落ちて、文字どおり物理的に跡形もなく消去＝焼却されてしまい、あとに残っているのは喪失の真実でしかないからである――そうフェルマンが言った問題に、アガンベンの本を読んで解決に向けての糸口が与えられたように感じたのである。

そこで、まずは、かつて東京外国語大学大学院で研究指導にあたったことのある廣石正和に手伝ってもらって、『アウシュヴィッツの残りのもの』の翻訳に取りかかることにした。そして、その後も、早くからアガンベンのとりわけ美学畑の著作の翻訳作業に取り組んでいた岡田温司のグループや、ジョルジュ・バタイユ研究が目的でフランスに留学中たまたまアガンベンの講義を聴く機会に恵まれてすっかり魅了されたという高桑和巳などと相補うようにして、次々にアガンベンの著作を翻訳していくことになった。

そうしたなか、二〇一五年二月、Ⅱ-2『スタシス』の刊行をもって、アガンベンが一九九五年以来取り組んできた《ホモ・サケル》プロジェクトに、ひとまず幕が下ろされることになる。そして、二〇一六年から一八年にかけて、全九巻からなるプロジェクトを一冊に収めた合本のフランス語版、英語版、イタリア語版があいついで出版された。「まえがき」でも述べたように、本書は、これを機会に《ホモ・サケル》プロジェクトを構成する諸巻を構成順にたどり直しながら、プロジェクトのもつ意義について、わたしなりの見解をまとめてみたものである。

講談社編集部の互盛央さんは、本書に「アガンベン入門」という性格ももたせたいということで、「著作一覧」を作成してくださった。感謝させていただく。

上村忠男

二〇一九年秋

田川建三 2009『新約聖書——訳と註』第4巻「パウロ書簡 その二／擬似パウロ書簡」田川建三訳著、作品社。

—— 1986『性の歴史Ⅰ　知への意志』渡辺守章訳、新潮社。

—— 2012『知の考古学』慎改康之訳、河出書房新社（河出文庫）。

ベンヤミン、ヴァルター 1969「経験と貧困」高原宏平訳、『ヴァルター・ベンヤミン著作集』第1巻「暴力批判論」、晶文社。

—— 1994a「暴力批判論」、『暴力批判論 他十篇』（「ベンヤミンの仕事」1）、野村修編訳、岩波書店（岩波文庫）。

—— 1994b「ボードレールにおける第二帝政期のパリ」、『ボードレール 他五篇』（「ベンヤミンの仕事」2）、野村修編訳、岩波書店（岩波文庫）。

—— 1994c「歴史の概念について」、『ボードレール 他五篇』（「ベンヤミンの仕事」2）、野村修編訳、岩波書店（岩波文庫）。

—— 1996「フランツ・カフカ」、『ベンヤミン・コレクション』第2巻「エッセイの思想」浅井健二郎編訳、筑摩書房（ちくま学芸文庫）。

—— 1999『ドイツ悲劇の根源』（全2冊）、浅井健二郎訳、筑摩書房（ちくま学芸文庫）。

ベンヤミン、ヴァルター＋ゲルショム・ショーレム 1990『ベンヤミン－ショーレム往復書簡 1933-1940』ゲルショム・ショーレム編、山本尤訳、法政大学出版局（叢書・ウニベルシタス）。

ボードリヤール、ジャン 1979『消費社会の神話と構造』今村仁司・塚原史訳、紀伊國屋書店。

マリー、アレックス 2014『ジョルジョ・アガンベン』高桑和巳訳、青土社。

モース、マルセル 1973-76『社会学と人類学』（全2冊）、有地亨・伊藤昌司・山口俊夫訳、弘文堂。

レーヴィ、プリーモ 2014『溺れるものと救われるもの』竹山博英訳、朝日新聞出版（朝日選書）。

—— 2017『これが人間か——アウシュヴィッツは終わらない』（改訂完全版）、竹山博英訳、朝日新聞出版（朝日選書）。

レヴィナス、エマニュエル 1999「逃走論」、『レヴィナス・コレクション』合田正人編訳、筑摩書房（ちくま学芸文庫）。

ローゼンツヴァイク、フランツ 2009『救済の星』村岡晋一・細見和之・小須田健訳、みすず書房。

日本語文献

岡田温司 2011『アガンベン読解』平凡社。

—— 2014『イタリアン・セオリー』中央公論新社。

—— 2018『アガンベンの身振り』月曜社。

『来たるべき蜂起』翻訳委員会＋ティクーン 2012『反－装置論——新しいラッダイト的直観の到来』以文社。

クレチアン・ド・トロワ 1991『ペルスヴァルまたは聖杯の物語』天沢退二郎訳、『フランス中世文学集』第2巻「愛と剣と」白水社。

クーン、トーマス 1971『科学革命の構造』中山茂訳、みすず書房。

ゴイレン、エファ 2010『アガンベン入門』岩崎稔・大澤俊朗訳、岩波書店。

シュミット、カール 1971『政治神学』田中浩・原田武雄訳、未來社。

—— 1991『独裁——近代主権論の起源からプロレタリア階級闘争まで』田中浩・原田武雄訳、未來社。

—— 2018『国民票決と国民発案——ワイマール憲法の解釈および直接民主制論に関する一考察』松島裕一訳、作品社。

ショーレム、ゲルショム 1985『ユダヤ神秘主義——その主潮流』山下肇・石丸昭二・井ノ川清・西脇征嘉訳、法政大学出版局（叢書・ウニベルシタス）。

—— 1985「宗教的権威と神秘主義」、『カバラとその象徴的表現』小岸昭・岡部仁訳、法政大学出版局（叢書・ウニベルシタス）。

スピノザ、バールーフ・デ 1976『国家論』畠中尚志訳、岩波書店（岩波文庫）。

—— 2011『エチカ——倫理学』（全2冊）、畠中尚志訳、岩波書店（岩波文庫）。

テッロージ、ロベルト 2019『イタリアン・セオリーの現在』柱本元彦訳、平凡社。

デリダ、ジャック 1986『カフカ論——「掟の門前」をめぐって』三浦信孝訳、朝日出版社（ポストモダン叢書）。

ドゥボール、ギー 2003『スペクタクルの社会』木下誠訳、筑摩書房（ちくま学芸文庫）。

ネグリ、アントニオ 1999『構成的権力——近代のオルタナティブ』杉村昌昭・斉藤悦則訳、松籟社。

ネグリ、アントニオ＋マイケル・ハート 2003『〈帝国〉——グローバル化の世界秩序とマルチチュードの可能性』水嶋一憲・酒井隆史・浜邦彦・吉田俊実訳、以文社。

ハイデッガー、マルティン 1997「存在の歴史としての形而上学」、『ニーチェII——ヨーロッパのニヒリズム』加藤登之男・船橋弘訳、平凡社（平凡社ライブラリー）。

ヒッポリュトス（ローマの）1995『ノエトス駁論』小高毅訳、『中世思想原典集成』第1巻「初期ギリシア教父」、平凡社。

フェルマン、ショシャナ 1995『声の回帰——映画『ショアー』と「証言」の時代』上野成利・崎山政毅・細見和之訳、太田出版（批評空間叢書）。

フーコー、ミシェル 1974『言葉と物——人文科学の考古学』渡辺一民・佐々木明訳、新潮社。

Prodi, Paolo 1992, *Il sacramento del potere: Il giuramento politico nella storia costituzionale dell'Occidente*, Bologna: Il Mulino.

Rossiter, Clinton L. 1948, *Constitutional Dictatorship: Crisis Government in the Modern Democracies*, Princeton: Princeton University Press.

Ryn, Zdzistaw und Stanistaw Ktodziński 1987, „An der Grenze zwischen Leben und Tod: Eine Studie über die Erscheinung des 'Muselmanns' im Konzentrationslager", *Die Auschwitz-Hefte*, 1: 89-154.

Tingstén, Herbert 1934, *Les pleins pouvoirs: l'expansion des pouvoirs gouvernementaux pendant et après la grande guerre*, traduit du suédois par E. Söderlindh, Paris: Stock.

Usener, Hermann 1896, *Götternamen: Versuch einer Lehre von der religiösen Begriffsbildung*, Bonn: Friedrich Cohen.

Virno, Paolo and Michael Hardt (eds.) 1996, *Radical Thought in Italy: A Potential Politics*, Minneapolis, Minn.: University of Minnesota Press.

Weber, Samuel 1992, "Taking Exception to Decision: Walter Benjamin and Carl Schmitt", *Diacritics*, 22 (3/4): 5-18.

Weinberg, Kurt 1963, *Kafkas Dichtungen: Die Travestien des Mythos*, Bern: Francke.

邦訳文献

アメリー、ジャン 2016『罪と罰の彼岸——打ち負かされた者の克服の試み』(新版)、池内紀訳、みすず書房。

アリストテレス 2014『分析論前書』今井知正・河谷淳訳、『アリストテレス全集』第2巻、岩波書店。

アレント、ハンナ 1989「われら亡命者」、『パーリアとしてのユダヤ人』寺島俊穂・藤原隆裕宜訳、未來社。

ヴェーバー、マックス 1989『プロテスタンティズムの倫理と資本主義の精神』(改訳)、大塚久雄訳、岩波書店(岩波文庫)。

オースティン、J・L 2019『言語と行為——いかにして言葉でものごとを行うか』飯野勝己訳、講談社(講談社学術文庫)。

カーゼル、オード 1975『秘儀と秘義——古代の儀礼とキリスト教の典礼』小柳義夫訳、みすず書房。

カフカ、フランツ 1991『審判』飯吉光夫訳、筑摩書房(ちくま文庫)。

カント、イマヌエル 2002『人倫の形而上学』樽井正義・池尾恭一訳、『カント全集』第11巻、岩波書店。

キケロー、マルクス・トゥッリウス 1999『義務について』高橋宏幸訳、『キケロー選集』第9巻、岩波書店。

2017b *Karman: Breve trattato sull'azione, la colpa e il gesto,* Torino: Bollati Boringhieri.

2017c *Creazione e anarchia: L'opera nell'età della religione capitalista,* Vicenza: Neri Pozza.

2019 *Il Regno e il Giardino,* Vicenza: Neri Pozza.

参考文献

外国語文献

Cacciari, Massimo 1985, *Icone della legge,* Milano: Adelphi.

Colli, Giorgio 1982, *La ragione errabonda: Quaderni postumi,* a cura di Enrico Colli, Milano: Adelphi.

Comité invisible 2007, *L'insurrection qui vient,* Paris: Fabrique.（不可視委員会『来たるべき蜂起』『来たるべき蜂起』翻訳委員会訳、彩流社、2010 年）

Diezinger, Walter 1961, *Effectus in der römischen Liturgie: Eine kultsprachliche Untersuchung,* Bonn: Peter Hanstein.

Friedrich, Carl Joachim 1941, *Constitutional Government and Democracy: Theory and Practice in Europe and American,* Boston: Little, Brown.

Guillaume, Gustave 1929, *Temps et verbe: théorie des aspects, des modes et des temps,* Paris: Honoré Champion.

Melandri, Enzo 1968 (2004), *La linea e il circolo: Studio logico-filosofico sull'analogia* (1968), con un saggio introduttivo di Giorgio Agamben, Macerata: Quodlibet, 2004.

—— 1970, "Nota in margine all'«episteme» di Foucault", *Lingua e Stile,* 1: 145-156.

Nancy, Jean-Luc 1981 (1983), « L'être abandonné » (*Argile,* n° 23-24, 1981), in *L'impératif catégorique,* Paris: Flammarion, 1983.

Nissen, Adolph 1877, *Das Justitium: eine Studie aus der römischen Rechtsgeschichte,* Leipzig: J. M. Gebhardt.

Peterson, Erik 1926 (2012), *Heis Theos: Epigraphische, formgeschichtliche und religionsgeschichtliche Untersuchungen zur antiken „Ein-Gott"-Akklamation* (Teil I. Nachdruck, Göttingen: Vandenhoeck & Ruprecht, 1926), Nachdruck der Ausgabe von Erik Peterson 1926 mit Ergänzungen und Kommentaren von Christoph Markschies, Henrik Hildebrandt, Barbara Nichtweiss u. a., Würzburg: Echter, 2012.

Brouwer, 2004].
2000 *Il tempo che resta: Un commento alla* Lettera ai romani, Torino: Bollati Boringhieri.（『残りの時——パウロ講義』上村忠男訳、岩波書店、2005年）
2002 *L'aperto: L'uomo e l'animale,* Torino: Bollati Boringhieri.（『開かれ——人間と動物』岡田温司・多賀健太郎訳、平凡社（平凡社ライブラリー）、2011年）
2005a *La potenza del pensiero: Saggi e conferenze,* Vicenza: Neri Pozza [Biblioteca, Vicenza: Neri Pozza, 2010].（『思考の潜勢力——論文と講演』高桑和巳訳、月曜社、2009年）
2005b *Profanazioni,* Roma: Nottetempo.（『瀆神』上村忠男・堤康徳訳、月曜社、2005年）
2006 *Che cos'è un dispositivo?,* Roma: Nottetempo.
2007a *L'amico,* Roma: Nottetempo.
2007b *Ninfe,* Torino: Bollati Boringhieri.（『ニンファ その他のイメージ論』高桑和巳編訳、慶應義塾大学出版会、2015年）
2008a *Che cos'è il contemporaneo?,* Roma: Nottetempo.
2008b *Signatura rerum: Sul metodo,* Torino: Bollati Boringhieri.（『事物のしるし——方法について』岡田温司・岡本源太訳、筑摩書房（ちくま学芸文庫）、2019年）
2009 *Nudità,* Roma: Nottetempo.（『裸性』岡田温司・栗原俊秀訳、平凡社（イタリア現代思想）、2012年）
2010 *La Chiesa e il Regno,* Roma: Nottetempo.
2013a *Il mistero del male: Benedetto XVI e la fine dei tempi,* Roma: Laterza.
2013b *Pilato e Gesù,* Roma: Nottetempo [Gransasso, Roma: Nottetempo, 2018].
2013c *Qu'est-ce que le commandement?,* traduit de l'italien par Joël Gayraud, Paris: Payot & Rivages.
2014 *Il fuoco e il racconto,* Roma: Nottetempo.
2015a *L'avventura,* Roma: Nottetempo.
2015b *Pulcinella ovvero divertimento per li regazzi,* Roma: Nottetempo.
2016a *Che cos'è la filosofia?,* Macerata: Quodlibet.（『哲学とはなにか』上村忠男訳、みすず書房、2017年）
2016b *Che cos'è reale?: La scomparsa di Majorana,* Vicenza: Neri Pozza.（『実在とは何か——マヨラナの失踪』上村忠男訳、講談社（講談社選書メチエ）、2018年）
2017a *Autoritratto nello studio,* Milano: Nottetempo.（『書斎の自画像』岡田温司訳、月曜社、2019年）

その他の著作

1970　*L'uomo senza contenuto,* Milano: Rizzoli [Macerata: Quodlibet, 2013]. (『中味のない人間』岡田温司・岡部宗吉・多賀健太郎訳、人文書院、2002年)

1977　*Stanze: La parola e il fantasma nella cultura occidentale,* Torino: G. Einaudi [Piccola biblioteca, Torino: G. Einaudi, 2011]. (『スタンツェ——西洋文化における言葉とイメージ』岡田温司訳、筑摩書房（ちくま学芸文庫)、2008年)

1978　*Infanzia e storia: Distruzione dell'esperienza e origine della storia,* Torino: G. Einaudi [Nuova ed. accresciuta, Torino: G. Einaudi, 2001]. (『幼児期と歴史——経験の破壊と歴史の起源』上村忠男訳、岩波書店、2007年)

1982a　*Il linguaggio e la morte: Un seminario sul luogo della negatività,* Torino: G. Einaudi [3ª ed. accresciuta, Piccola biblioteca, Torino: G. Einaudi, 2008]. (『言葉と死——否定性の場所にかんするゼミナール』上村忠男訳、筑摩書房、2009年)

1982b　*La fine del pensiero / La fin de la pensée,* traduction de Gérard Macé, Paris: Le Nouveau Commerce.

1985　*Idea della prosa,* Milano: Feltrinelli [Nuova ed. illuminata e accresciuta, Macerata: Quodlibet, 2002].

1990　*La comunità che viene,* Torino: G. Einaudi [Nuova ed., Torino: Bollati Boringhieri, 2001]. (『到来する共同体』上村忠男訳、月曜社（叢書・エクリチュールの冒険)、2012年)

1993　*Bartleby, la formula della creazione,* Macerata: Quodlibet (Gilles Deleuze, "Bartleby o la formula", traduzione di Stefano Verdicchio; Giorgio Agamben, "Bartleby o della contingenza") [2ª ed., Macerata: Quodlibet, 1998]. (『バートルビー——偶然性について』高桑和巳訳、月曜社、2005年　＊アガンベンの執筆部分「バートルビー——偶然性について」に、ハーマン・メルヴィルの小説『バートルビー』の新訳を付したもの)

1996a　*Mezzi senza fine: Note sulla politica,* Torino: Bollati Boringhieri. (『人権の彼方に——政治哲学ノート』高桑和巳訳、以文社、2000年)　＊初出は、フランス語版 *Moyens sans fins: notes sur la politique,* Paris: Payot & Rivages, 1995

1996b　*Categorie italiane: Studi di poetica,* Venezia: Marsilio [Roma: Laterza, 2010]. (『イタリア的カテゴリー——詩学序説』岡田温司監訳、橋本勝雄・多賀健太郎・前木由紀訳、みすず書房、2010年)

1998　*Image et mémoire,* traduit par Marco Dell'Omodarme, Suzanne Doppelt, Daniel Loayza et Gilles A. Tiberghien, Paris: Hoëbeke [Paris: Desclée de

文献一覧

ジョルジョ・アガンベン（Giorgio Agamben）の著作

《ホモ・サケル》プロジェクト

I　*Homo sacer: Il potere sovrano e la nuda vita*, Torino: G. Einaudi, 1995 [Piccola biblioteca, Torino: G. Einaudi, 2005].（『ホモ・サケル――主権権力と剝き出しの生』高桑和巳訳、以文社、2003 年）

II-1　*Stato di eccezione*, Torino: Bollati Boringhieri, 2003.（『例外状態』上村忠男・中村勝己訳、未來社、2007 年）

II-2　*Stasis: La guerra civile come paradigma politico*, Torino: Bollati Boringhieri, 2015.（『スタシス――政治的パラダイムとしての内戦』高桑和巳訳、青土社、2016 年）

II-3　*Il sacramento del linguaggio: Archeologia del giuramento*, Roma: Laterza, 2008.（『言語活動の秘跡――誓言の考古学』（未訳））

II-4　*Il regno e la gloria: Per una genealogia teologica dell'economia e del governo*, Vicenza: Neri Pozza, 2007.（『王国と栄光――オイコノミアと統治の神学的系譜学のために』高桑和巳訳、青土社、2010 年）

II-5　*Opus Dei: Archeologia dell'ufficio*, Torino: Bollati Boringhieri, 2012.（『オプス・デイ――任務の考古学』杉山博昭訳、以文社、2019 年）

III　*Quel che resta di Auschwitz: L'archivio e il testimone*, Torino: Bollati Boringhieri, 1998.（『アウシュヴィッツの残りのもの――アルシーヴと証人』上村忠男・廣石正和訳、月曜社、2001 年）

IV-1　*Altissima povertà: Regole monastiche e forma di vita*, Vicenza: Neri Pozza, 2011.（『いと高き貧しさ――修道院規則と生の形式』上村忠男・太田綾子訳、みすず書房、2014 年）

IV-2　*L'uso dei corpi*, Vicenza: Neri Pozza, 2014.（『身体の使用――脱構成的可能態の理論のために』上村忠男訳、みすず書房、2016 年）

合本　*Homo sacer: Edizione integrale (1995-2015)*, Macerata: Quodlibet, 2018.（フランス語版：*Homo sacer: l'intégrale, 1997-2015*, Paris: Seuil, 2016. 英語版：*The Omnibus Homo Sacer*, Stanford, CA: Stanford University Press, 2017）

初出一覧

プロローグ　書き下ろし
第Ⅰ章　「解題　閾からの思考――ジョルジョ・アガンベンと政治哲学の現在」、ジョルジョ・アガンベン『ホモ・サケル――主権権力と剝き出しの生』（高桑和巳訳、以文社、二〇〇三年一〇月）所収
第Ⅱ章　「解説　証言について――アウシュヴィッツの「回教徒」からの問いかけ」、ジョルジョ・アガンベン『アウシュヴィッツの残りのもの――アルシーヴと証人』（上村忠男・廣石正和訳、月曜社、二〇〇一年九月）所収
第Ⅲ章　「法の〈開いている門〉の前で」、『大航海』第五〇号、新書館、二〇〇四年三月
第Ⅳ章　「訳者解説　例外状態をめぐって――シュミット、ベンヤミン、アガンベン」、ジョルジョ・アガンベン『例外状態』（上村忠男・中村勝己訳、未來社、二〇〇七年一〇月）所収
補　論　「ヘテロトピア通信35　夜のティックーン」、『みすず』第六〇九号、みすず書房、二〇一二年一〇月
第Ⅴ章　書き下ろし
第Ⅵ章　書き下ろし
第Ⅶ章　「解説　所有することなき使用――アガンベンの『いと高き貧しさ』をめぐって」、ジョルジョ・アガンベン『いと高き貧しさ――修道院規則と生の形式』（上村忠男・太田綾子訳、みすず書房、二〇一四年一〇月）所収

第Ⅷ章　「訳者あとがき」、ジョルジョ・アガンベン『身体の使用――脱構成的可能態の理論のために』（上村忠男訳、みすず書房、二〇一六年一月）所収
エピローグ　「訳者あとがき」、ジョルジョ・アガンベン『哲学とはなにか』（上村忠男訳、みすず書房、二〇一七年一月）所収

上村忠男（うえむら・ただお）
一九四一年生まれ。東京大学大学院社会学研究科修士課程修了。東京外国語大学名誉教授。専門は、学問論・思想史。
著書に、『歴史的理性の批判のために』（岩波書店）、『グラムシ　獄舎の思想』（青土社）、『ヴィーコ論集成』（みすず書房）ほか多数。
訳書に、カルロ・ギンズブルグ『ミクロストリアと世界史』（みすず書房）、ジャンバッティスタ・ヴィーコ『新しい学』（中公文庫）、アントニオ・グラムシ『革命論集』（講談社学術文庫）、ヘイドン・ホワイト『実用的な過去』（岩波書店）ほか多数。アガンベンの訳書として、『アウシュヴィッツの残りのもの』（共訳、月曜社）、『例外状態』（共訳、未來社）、『残りの時』（岩波書店）、『瀆神』（共訳、月曜社）、『幼児期と歴史』（岩波書店）、『言葉と死』（筑摩書房）、『到来する共同体』（月曜社）、『いと高き貧しさ』、『身体の使用』、『哲学とはなにか』（以上、みすず書房）、『実在とは何か』（講談社選書メチエ）がある。

アガンベン《ホモ・サケル》の思《し》想《そう》

二〇二〇年 三月一〇日 第一刷発行

著者 上《うえ》村《むら》忠《ただ》男《お》

発行者 渡瀬昌彦
発行所 株式会社 講談社
東京都文京区音羽二丁目一二―二一 〒一一二―八〇〇一
電話（編集）〇三―三九四五―四九六三
（販売）〇三―五三九五―四四一五
（業務）〇三―五三九五―三六一五

装幀者 奥定泰之
本文印刷 株式会社新藤慶昌堂
カバー・表紙印刷 半七写真印刷工業株式会社
製本所 大口製本印刷株式会社

ISBN978-4-06-518756-2 Printed in Japan
N.D.C.133 187p 19cm

講談社選書メチエの再出発に際して

講談社選書メチエの創刊は冷戦終結後まもない一九九四年のことである。長く続いた東西対立の終わりはついに世界に平和をもたらすかに思われたが、その期待はすぐに裏切られた。超大国による新たな戦争、吹き荒れる民族主義の嵐……世界は向かうべき道を見失った。そのような時代の中で、書物のもたらす知識が一人一人の指針となることを願って、本選書は刊行された。

それから二五年、世界はさらに大きく変わった。特に知識をめぐる環境は世界史的な変化をこうむったとすら言える。インターネットによる情報化革命は、知識の徹底的な民主化を推し進めた。誰もがどこでも自由に知識を入手でき、自由に知識を発信できる。それは、冷戦終結後に抱いた期待を裏切られた私たちのもとに差した一条の光明でもあった。

その光明は今も消え去ってはいない。しかし、私たちは同時に、知識の民主化が知識の失墜をも生み出すという逆説を生きている。堅く揺るぎない知識も消費されるだけの不確かな情報に埋もれることを余儀なくされ、不確かな情報が人々の憎悪をかき立てる時代が今、訪れている。

この不確かな時代、不確かさが憎悪を生み出す時代にあって必要なのは、一人一人が堅く揺るぎない知識を得、生きていくための道標を得ることである。

フランス語の「メチエ」という言葉は、人が生きていくために必要とする職、経験によって身につけられる技術を意味する。選書メチエは、読者が磨き上げられた経験のもとに紡ぎ出される思索に触れ、生きるための技術と知識を手に入れる機会を提供することを目指している。万人にそのような機会が提供されたとき初めて、知識は真に民主化され、憎悪を乗り越える平和への道が拓けると私たちは固く信ずる。

この宣言をもって、講談社選書メチエ再出発の辞とするものである。

二〇一九年二月　　野間省伸

ヘーゲル『精神現象学』入門　長谷川 宏
カント『純粋理性批判』入門　黒崎政男
知の教科書 ウォーラーステイン　川北 稔編
知の教科書 スピノザ　C・ジャレット　石垣憲一訳
知の教科書 ライプニッツ　F・パーキンズ　梅原宏司・川口典成訳
知の教科書 プラトン　M・エルラー　三嶋輝夫ほか訳
フッサール 起源への哲学　斎藤慶典
トクヴィル 平等と不平等の理論家　宇野重規
完全解読 ヘーゲル『精神現象学』　竹田青嗣　西 研
完全解読 カント『純粋理性批判』　竹田青嗣
本居宣長『古事記伝』を読むⅠ～Ⅳ　神野志隆光
分析哲学入門　八木沢 敬
ドイツ観念論　村岡晋一
ベルクソン＝時間と空間の哲学　中村 昇
精読 アレント『全体主義の起源』　牧野雅彦
九鬼周造　藤田正勝
夢の現象学・入門　渡辺恒夫

ヨハネス・コメニウス　相馬伸一
アダム・スミス　高 哲男
ラカンの哲学　荒谷大輔
記憶術全史　桑木野幸司
オカルティズム　大野英士
新しい哲学の教科書　岩内章太郎